현재,
이 순간에 머물기

인경스님의 명상편지

현재, 이 순간에 머물기

명상상담연구원

인경스님의 명상편지

현재, 이 순간에 머물기

초판 1쇄 발행 | 2011년 6월 21일
　　　2쇄 발행 | 2011년 9월 21일
　　　3쇄 발행 | 2012년 7월 21일
　　　4쇄 발행 | 2015년 7월 20일
　　　5쇄 발행 | 2018년 4월 10일

글 · 사진 | 인경
펴낸이 | 김형록
펴낸곳 | 명상상담연구원

주소 | 서울시 성북구 보문로 35길 39(삼선동 4가 57)
　　　목우선원 명상상담평생교육원
전화 | (02) 2236-5306
홈페이지 | www.medicoun.com http://cafe.daum.net/medicoun
출판등록 | 제 211-90-28934호

가격 12,000원

ISBN 978-89-94906-04-1　03180

머리말

현대를 명상시대라고 말합니다. 사람들은 왜 명상에 관심을 갖고 배우려고 할까요? 이유는 분명합니다. 현대를 살아가는 우리들은 너무 바쁘고 경쟁 속에서 많은 스트레스에 노출되어 있습니다. 성취에 대한 압박감으로 밤낮으로 쉼없이 일을 합니다.

항상 미래를 향하여 달려가는 우리는 현재, 이 순간을 살지 못합니다. 이제는 휴식이 필요합니다. 휴식을 위해서 여행도 가고 즐거운 파티도 열어보지만, 이것은 또 하나의 일이 되어 다시 피곤해집니다. 일시적인 휴식이 아니고, 영적인 휴식이 필요합니다. 그래서 우리는 명상수행을 합니다.

그러나 지금까지 활동 중심으로 살아 오다가 갑자기 수동적으로 고요하게 자신을 관찰하는 일이 쉽지는 않습니다. 또한 다양한 방식의 명상들이 소개되고, 명상도 상품화되면서 혼란스럽다는 말까지 나오고 있습니다.

명상에 대한 올바른 이해와 실천방식이 필요한 때입니다. 이런 목적으로 인터넷을 통해 페북 친구와 명상상담연구원 회원 여러분에게 '명상편지'를 띄웠습니다. 지난 2009년 7월부터 1년 6개월 동안 명상과 명상수행을 되도록 쉽게 풀이하려 하였습니다. 이 책은 그 노력의 결과입니다.

그동안 명상편지를 읽어주고, 애정 어린 좋은 피드백을 해주신 여러분께 감사드립니다. 또한 이 책이 이웃에게 보시하는 즐거운 선물이 되었으면 좋겠습니다. 함께 해주신 모든 이들이 행복하시고 평안하시고 안락하시길 기원합니다.

남산 자락에서 인경합장

당나라 시대의 유명한 마조도일(馬祖道一) 선사(禪師)의 제자 중에 대주혜해(大珠慧海) 선사가 있습니다. 선가의 귀감이 되는 '돈오입도요문론(頓悟入道要門論)'을 저술한 분이지요.

어느 날 어떤 율사(律師)가 대주 선사에게 물었습니다.
"스님께서는 어떻게 도(道)를 닦으십니까?"
대주 선사가 대답했습니다.
"배고프면 먹고 졸리면 잡니다."
그러자 그 율사가 다시 물었습니다.
"누구나 그렇게 하고 있지 않습니까?"
대주 선사는 이렇게 말했습니다.
"그렇지 않습니다. 사람들은 밥을 먹을 때에도 수많은 생각을 하고 잠을 잘 때도 온갖 망상을 일으킵니다."

밥을 먹을 때도 100% 밥을 먹지 못하고 잠을 잘 때는 100% 잠을 자지 못하는 것이 우리들의 일반적인 모습입니다. 명상은 밥 먹을 때 100% 밥 먹고 잠 잘 때는 100% 자는 훈련이라고도 할 수 있습니다.

우리 인간이 물질적으로 향유하는 재화는 그 어느 때보다도 많고 교육 수준도 인류역사상 유래가 없을 정도로 높아졌지만 행복의 양이나 수준은 더 나아졌다고 말하기 어려울 것입니다. 경쟁은 더욱 치열해지고 비교는 끝이 없으며 마음은 불안, 우울, 분노, 짜증으로 편할 날 없고 자살률은 그 어느 때보다도 높습니다.

이런 속에서 오히려 정신적 가치를 찾는 사람들이 늘면서 명상에 대한 관심이 증가하고 있습니다. 업무의 효율을 높이고 구성원들의 행복을 위해 명상 프로그램을 도입하는 기업도 늘어나고 있습니다.

인경 스님은 아직 우리나라에 위빠사나 명상이 제대로 알려지지 않았던 1990년대 초에 위빠사나 명상을 소개한 분입니다. 그 이후에 명상과 심리학을 함께 연결해서 명상상담을 꾸준히 해오셨습니다.

이번에 현장에서 명상상담을 해오시면서 경험한 것을 바탕으로 일반인들이 쉽고 편안하게 명상을 이해하고 실천할 수 있는 책을 내시게 되었습니다. 많은 사람들이 읽고 실천하여 마음의 평화를 얻고 행복해지시기를 기원합니다.

김정호
(덕성여대 심리학과 교수 · 한국건강심리학 회장 · 대한스트레스학회 이사장)

차 례

제1부

알아차림

알아차림 · 12

명상이란 · 14

호흡명상의 유래 · 16

호흡에 집중하기 · 18

오감명상 · 21

현재에 머물기 · 25

몸과 마음의 관계 · 28

느낌 명상 · 30

생각 찾아내기 · 34

판단중지 · 39

수행의 비결 · 42

걷기명상 · 44

먹기명상 · 46

그냥 앉아있기 · 48

마음의 해탈 · 50

단지 바라보기만 하라 · 52

이완명상 · 56

자애명상 · 59

용서 · 62

호흡으로 돌아오기 · 64

죽음 · 66

제 2 부
명상상담

명상상담 · 71

좋은 소통 · 74

듣기명상 · 76

적극적 경청 · 78

붓다의 호흡 · 80

명상과 스트레스 관리(1)
- 3분 명상 · 82

명상과 스트레스 관리(2) · 84

느낌명상 · 86

충분하게 느끼기 · 90

노출 · 92

안전한 공간 · 94

바디스캔(1) · 97

바디스캔(2) · 100

수용 · 102

온전한 수용 · 104

타임아웃 · 107

화가 나면 · 110

판단과 기대 · 112

생각바라보기 · 115

포기 · 118

명상치료 · 120

제 3 부
본래면목

본래면목 · 125

호흡으로 · 128

몸과 마음의 연결 · 130

느낌과 마음 · 132

미소 짓기 · 134

여행 · 136

침묵 · 138

아버지의 유산 · 142

두 개의 길 · 144

소셜 네트워크 서비스(SNS)
- 무엇이 나일까 · 146

두 번째 화살 · 150

개념자기 · 152

관찰자기 · 155

침묵자기 · 159

병속의 새 · 162

새끼줄과 뱀 · 166

일체 · 168

단지 이것 뿐 · 170

내려놓기 · 172

아침 · 175

제 1 부

____

알
아
차
림

알아차림

알아차림은
명상의 핵심 개념입니다.
'알다' 와 '(정신)차리다' 가 결합된 낱말로서
대상을 분명하게 알아서, 정신이 깨어남을 의미합니다.
비유하자면 어둠 속에 빛이 던져지면서
대상이 감각기관을 통해
의식의 표면으로 또렷하게 드러남을 말합니다.

이를테면 호흡에 대한 알아차림은
숨이 들어오고 나감을 존재하는 그대로
분명하게 아는 것입니다.
이런 알아차림에는 몇 가지 중요한 특징이 있습니다.

첫째는 현재에 대한 경험입니다.
과거나 미래가 아닌 지금 여기에 대한 의식입니다.
호흡은 과거나 미래가 아닌 영원한 현재입니다.
과거는 지나간 기억이고
미래는 앞으로의 기대에 불과합니다.

둘째는 존재하는 그대로 자각하는 것입니다.
자신의 생생한 경험을
조정하거나 통제하려는 의도를 갖지 않고,
느리거나 거칠거나
호흡을 존재하는 그대로 분명하게 아는 것,
이것이 바로 알아차림입니다.

셋째는 언어적인 판단의 결여입니다.
대상에 대한 언어적인 의미부여나 판단이 없는 상태입니다.
해석이나 분석이 없는
순수한 주의집중입니다.

넷째는 선명하게 깨어있음입니다.
안개에 휩싸인 듯하거나 애매하지 않고
명료하게 대상에 주의가 집중되어
의식의 표층으로 그것이 선명하게 드러남을 의미합니다.
물론 탐욕에 물들거나 산만하지 않습니다.

이것이 알아차림 명상입니다.
알아차림이 있으면 그곳에 명상이 있고,
초월적인, 영적 경험이 함께 합니다.
알아차림이 있는 곳에는 반드시
번뇌에서 벗어난 내적인 기쁨과 행복감이 함께 합니다.

알아차림 명상은
마음의 평화와 깨달음의 관문입니다.

명상이란

마음의 평화를 얻기 위해서
명상을 한다고 합니다.
내적인 평화는 명상의 결과입니다.
의도적으로 평화를 얻고자 하면,
역설적으로 마음은 더욱 불편해져 버립니다.

무엇인가 얻고자 하는 의도,
깨달음마저도
내려놓는 것이 바로 명상입니다.

명상은 부정적인, 뭔가 나쁜 것을 없애는 작업이 아닙니다.
번뇌는 끊으려고 하면 할수록,
더욱 강해져 나를 압도합니다.
깊은 골짜기에서 발생하는 감정을
관리하고 통제하여 없애려 하면,
이런 노력은 필경 실패로 끝나고 불쾌한 짜증만 납니다.

그 느낌의 폭풍을 있는 그대로
온 몸으로 적극적으로 경험하는 것,
끊임없이 재잘거리는 마음과 싸우지 않는 것,
그 자체로 알아차리고
충분하게 느끼면서 그냥 지나가도록 허용하는 것,
이것이 명상입니다.

마음이 지난 과거로 흘러들거나
오지 않은 미래에 대한 열정으로 크게 들뜬다 하여도,
그대로 알아차려서 호흡으로 돌아오는 것입니다.
이때 자신을 꾸중하지 않길 바랍니다.

왜 이렇게 나는 잡념이 많아?
왜 이렇게 나는 집중을 못하는 것일까?
말하지 말고
그냥 미소를 지으면서,
자신을 용서하면서,
마음이란 본래 이렇게 소란스럽다고 인정하면서,

지금여기의
알아차리고, 머물러, 지켜보는 자리로
거칠게 들어오고 나가는 숨결 그 자체로
그냥 돌아오시길 바랍니다.

이것은
항상 여기에 존재합니다.

호흡명상의 유래

우리는 자신의 몸에 대해 커다란 관심을 가집니다.
가장 자주하는 인사도 '몸건강' 입니다.
아마도 몸이란 생존의 욕망과 근심의 근원인지도 모릅니다.
그래서 옛부터 종교는 욕망을 통제해 왔습니다.

'몸이란 더러운 것이며, 애착의 근본이다.'
부처님이 제시한 부정관(不淨觀)도 이런 관점에 있었던 것 같습니다.
부정관은 몸의 더러움을 적극적으로,
미세하게 관찰하는 방법입니다.

살갗… 손바닥… 몸털… 심장… 간…
허파… 위… 쓸개… 작은 창자… 큰 창자…
힘줄, 뼈, 침, 가래, 땀, 오줌, 똥…

신체의 각 부위를 열거하면서
이들은 깨끗하지 못하고 더럽다고 관찰하는 명상법입니다.
이렇게 몸이 더럽고 혐오스럽다면
더 이상 애착을 느끼지 않을 것입니다.
마치 떨어지기 힘들어하는 어린 아이에게서 젖을 떼는
행동치료에서 자주 사용하는 혐오기법과 유사합니다.

그런데 부정관법은 심각한 부작용을 드러냈습니다.
부정관법을 닦는 수행자들은
삶에 대해 허무와 부정적인 관점에 사로잡혀서
우울증과 강박적 증상을 경험하기도 했고,
심지어 많은 수행자가 자살하는 사건도 일어났습니다.

아난은 부처님께 청하였습니다.
고요한 가운데 자신의 몸을 수용하고,
긍정적으로 머물 수 있는 방법을 제시하여 줄 것을 간청하였습니다.
이것이 바로 호흡명상입니다.

숨이 들어오고 나가고 멈추는
숨결이 느껴지는 곳,
지금 여기.
고요함과 청명한 행복감이 있는 곳,

수행자들은 기쁘게 호흡명상을 봉행하였습니다.
또한 새로운 자각이 생겨났습니다.
호흡명상을 통하여
몸이란 긍정적인 삶의 통로임을,
과거와 미래로 향하는 갈망의 근심을 벗어던지고
지금 여기의 현재에서
궁극적인 해탈과 깨달음을 이룬다는 사실을.

호흡에
    집중하기

조용히 앉아서
호흡에 주의를 집중하여 봅니다.

아랫배가 팽창하고 수축하는 모든 과정을 머물러 지켜봅니다.
그곳에서 마음이 평온해지고 행복함을 느낍니다.

호흡을 조절하려는 의도를 갖지 않고
자연스런 그대로,
거칠면 거친 대로 부드러우면 부드러운 그대로,
온전하게 그 모든 과정을 조용히 지켜봅니다.

숨이 들어오고, 나가고, 멈추는
지금 여기의 리듬,
그 길목의 미세한 움직임을 관찰하다 보면
마음의 온갖 근심이 사라지고
안전한 공간에서 편안하게 깨어남을 느낍니다.

긴장이 풀리어
눈을 감으면,
창문에 부딪치는 빗소리가 더욱 선명하게 보이고,
온 몸에서 느껴지는 작은 움직임들이
자연스러운 경이로움으로 다가옵니다.

삶이란 온전하게 느끼는 것,
설사 그것이 고통일지라도
피하지 않고
그것을 존재하는 그대로 수용하고 허용하는 것,

바쁘게 돌아가는 일상에서
잠깐 호흡을 알아차리고, 지켜보는 것만으로도
거리를 두게 되고, 여유를 갖게 되며,
삶의 새로운 통찰이 일어납니다.
이곳에서 나의 가치와 존재를 느낍니다.

오감명상

이제 정말 봄입니다.
여기저기서 햇살이 속삭이는 4월입니다.
천천히 햇살 속을 걸어봅니다.
걷는 다리의 움직임을 온전히 알아차리면서 걷습니다.
당당함과 여유가 함께 느껴집니다.
손에는 여행 가방이 들려있고,
귀에는 끌려오는 가방의 바퀴소리가 들려옵니다.

지금 저수지의 뚝을 걷고 있습니다.
지난 겨울 그 많았던 철새들이 모두 날아가 버리고
구경꾼도 없이 한가하게
저수지 뚝은 길게 놓여 있습니다.
새로 돋아난 연두빛 잎사귀들이 장관을 이룹니다.
그곳에 코를 대고 냄새를 맡아봅니다.
어린 시절의 아득하고 향기로운 풀냄새가 납니다.

철지난 주황색 갈대잎 사이로
반짝이는 물결이 무심하게 일렁거립니다.
한참을 바라봅니다.
문득, 들오리가 물속에서 자맥질을 반복합니다.
온 몸이 까만색인데,

머리에 하얀색이 길게 칠해진 부분이 인상 깊습니다.
더 자세히 보고 싶어서 조용히 내려앉았지만,
그 녀석은 벌써 저만큼 헤엄쳐 갑니다.

바람이 느껴집니다.
빰을 스치고 지나가는
조금은 차가운 바람입니다.
눈을 감고, 전해지는 빰의 느낌에 집중합니다.
봄 햇살의 따뜻함을 배경으로
조금은 시원한 것이 상쾌합니다.
깊게 숨을 들이마시면서
그 느낌에 머물러 충분히 느껴봅니다.

"지금여기,
이것만으로도 충분하다.
부족함이 없이,
이미 이렇게 모든 것은 드러나 완결되어 있다."

눈을 뜨자
새로 나온 잎 사이로
저 멀리 새가 날아오르고,
봄 소풍 나온 아이들의 웃음소리가 들립니다.

현재에 머물기

현재,
이 순간에 머물기.

지금 여기의 경험을 알아차리고,
이곳에서 왜곡 하지 않고 존재하는 그대로 충분히 느껴보는 것,
이것이 접촉입니다.
우리는 접촉을 통해 삶의 진실에 닻을 내리고
그 본질을 통찰할 수가 있습니다.

접촉은 의식, 대상, 감각기관 세 요소로 구성됩니다.
의식의 본질은 알아차림, 자각으로서 영원한 현재입니다.
이것은 항상 어떤 대상으로 향하여 있습니다.
마치 어둠 속에서 서서히 밝아오는 빛과 같습니다.
그러면 우리는 저기에 무엇이 존재하는지
비로소 '알게' 됩니다.

대상은 소리이고, 색깔이고, 맛이고, 향기입니다.
이들은 '저기' 에 놓인 객관적인 사물이 아닙니다.
이것은 물든 표상, 이미지로서
사랑하고 혹은 싫어하는 감정이 들어간 대상들입니다.
이런 대상들은 외적인 존재 현상으로,
또는 내적인 자아 이미지로 표상되기도 합니다.
이것들은 동일한 현재의 경험내용입니다.

현재의 경험으로서 알아차림의 의식이
대상에 온전하게 머물기 위해서
몸이란 장소가 필요합니다.
느낌은 항상 몸이란 특정한 장소에서 출현합니다.
비유하면, 느낌이란 음악은
몸이란 악기를 통해서 드러나고 경험됩니다.

오래된 내적인 의식이 몸의 감각기관을 통해서
현재에 어떤 대상적 표상으로 나타나는 것,
이것이 접촉입니다.
여기서 결정적인 역할을 하는 것이 바로 의식입니다.
당신의 의식은 어디를 향하여 있는가요?
이것이 당신의 삶을 결정합니다.

접촉은 불안처럼
우리를 폭풍 속으로 인도하기도 하지만,
이곳에서 깨어난 지켜봄이 있다면
우리를 분명하게
해탈의 언덕으로 이끄는 길이 됩니다.

현재와 경험에 머물기,
이곳에서 충분하게 그 느낌을 경험하기,
레몬차의 색깔과 향기,
바스락거리는 내면의 소리,
지금 여기에 접촉하는 것,

이것이 명상입니다.

몸과 마음의 관계

마음의 현상은 대부분 몸으로 나타납니다.
화가 났을 경우에,
몸에서 떨림, 긴장, 열기, 거친 호흡과 같은 현상이 일어납니다.
좀 더 살펴보면,
머리가 아파오고 가슴이 답답할 뿐만 아니라,
심장이 심하게 두근거리고 있음을 봅니다.
뿐만 아니라 온 몸에서 참을 수 없는
충동이 꿈틀거리고 있음을 봅니다.

화가 날 때, 우리는
상대방을 탓하고 공격하는 데에 의식이 집중돼 있기에
자신의 몸과 마음현상을 관찰하지 못합니다.
이럴 때 명상은 의식을 자신의 몸 느낌으로 향하게 합니다.
현재에 일어난 마음과 몸의 현상을 알아차리고,
자기에게 되돌아와 그곳에 머물게 하고
끝내는 그것의 본질을 통찰하게 합니다.

이때 통찰만으론 부족하지 않은지 반문할 수 있습니다.
물론 '어떻게 행동할 것인지'
대안을 마련하는 것 또한 중요합니다.
하지만 느낌에 대한 명상에 의해 일어난 마음의 여유로움은
새로운 행동을 선택하는 힘을 가져다줍니다.

성냄은 마음의 영역에 속하지만,
호흡과 신체의 급격한 변화는 몸의 현상입니다.
몸과 마음은 서로 긴밀하게 연결되어 있어
양자를 엄밀하게 구별하기는 어렵습니다.
처음 명상을 시작하는 사람은
마음보다는 몸의 현상을 관찰하는 것이 더 쉽습니다.

마음현상은 순식간에 일어났다 사라지기 때문에
고요함과 섬세한 관찰력이 계발되어 있지 않으면,
존재하는 그대로 포착하기가 어렵습니다.
몸 현상은 좀 더 오래 머물고
구체적이기 때문에,
조금만 주의를 집중하면 쉽게 접촉할 수 있습니다.
느낌, 그 전체의 변화를 지켜볼 수 있는 장점이 있습니다.

반면에, 마음현상을 관찰하는 일은 그렇게 간단하지 않습니다.
과거의 상처와 내적인 무의식은
근본적으로 억압되어 있어
자신에게 인식되지 않고,
무엇보다 직면하기를 스스로 원치 않기 때문입니다.

그래서 명상은 우선적으로 자신의 의지를 요청합니다.
나의 본질을
이번 생에 알고 가야지 하는 굳은 결의와 더불어,
나와 남에게 열린 마음이 필요합니다.
그러면 강물에 떠올라오는 달빛처럼,
삶의 진실은 그 앞에 자연스럽게 드러날 것입니다.

느낌 명상

삶의 원초적 자료는 느낌입니다.
생각은 그 다음입니다.
우리의 현대문명은 먼저 생각하고, 그 다음에 느끼라고 말합니다.
그래서 존재하는 진정한 그대로의 모습을 왜곡시킵니다.

산다는 것은
몸으로 온전하게 느낌을 느끼는 것입니다.
설사 그것이 고통일지라도
이것이 우리의 고귀한 첫 번째의 화살입니다.

느낌에는
괴로운 느낌,
즐거운 느낌,
괴롭지도 즐겁지도 않은 느낌.
느낌은 이렇게 세 가지입니다.

우리는 괴로운 느낌에 대해서
무언가 잘못되었다고 여기면서 적대적 태도를 취하는 경향이 있습니다.
불쾌함은 결코 환영받지 못하는 불청객입니다.
어떻게 해서든 회피하거나 아니면, 제거하거나 통제하려 합니다.
이것이 성공하지 못하면, 우리는 곧 분통을 터뜨립니다.

그러다가 문득 즐겁고 달콤한 느낌이 찾아오면,
순식간에 빠져들면서 거기에 탐닉하게 됩니다.
추락하는 것은 날개가 없는 것처럼
탐착은 만족을 모르는 것 같습니다.
스스로 브레이크를 밟을 수가 없습니다.

반면에, 괴롭지도 않고 즐겁지도 않은 느낌이 일어나면
우리는 쉽게 혼침에 빠지고,
무기력해지고 앞이 보이지 않으면서,
아무 것도 할 수 없는 암흑에 갇히게 됩니다.

이렇게 우리 삶에서 만나는 느낌에 대해서
충분하게 느끼기도 전에 먼저 평가하고 선택하게 됩니다.
이것은 순식간에 일어난 일이기에 분명하게 자각하기 어렵습니다.

달콤한 느낌에 대한 탐욕(貪)
괴로운 느낌에 대한 성남(嗔)
느낌없음의 느낌에 대한 어리석음(痴)

이들의 뿌리는
바로 몸 느낌입니다.
몸 느낌(감각)을 통해 세 가지의 잡독은 성장합니다.

몸 느낌이 일차적 화살이라면,
이차화살은 바로 탐욕, 성남, 어리석음의 내적 폭류입니다.

몸느낌에서 비롯된 일차화살은 피할 수 없지만,
판단과 평가의 이차화살은 피해 갈 수 있습니다.
몸 느낌에 대한 해석과 평가를 멈추고,
존재하는 그대로 그 느낌을 분명하게 알아서
조용히 지켜보는 알아차림 명상이,
당신을 지금여기
해탈의 언덕으로 이끌어줄 것입니다.

찬란한 느낌의 오늘,
느낌명상...
이것을 한번 연습하여 보지 않을래요.

생각 찾아내기

묻습니다.
느낌과 생각은 어떤 관계인가요?

이 문제는 심리학을 공부하는 사람뿐만 아니라
명상하는 사람에게도 중요한 관심사입니다.
결론부터 말씀드리면,
느낌과 생각은 서로 밀접하게 연결되어 있습니다.
느낌이 생각을 강화시키기도 하고,
반대로, 생각은 느낌을 발생시키는 조건이 되기도 합니다.

예를 들어 가슴이 답답해지면,
부정적인 생각이 일어납니다.

"이것은 나쁜 일이야."
"맞아, 무엇인가 잘못되고 있어."

이때부터 더욱 당황해하면서,
답답한 느낌을 제거하거나 통제하려는 시도를 합니다.
느낌을 조건으로
자신에 대한 이런 부정적인 판단이 일어납니다.

반대로 생각이 느낌과 감정을 만들기도 합니다.
"그 사람은 잘못하고 있어."
"날 무시하고 있어."

타인에 대해 이런 생각을 하게 되면
분노의 감정이 일어나고
호흡이 거칠어지면서 열기가 위로 올라옵니다.
여기서 불쾌한 느낌을 발생시키는
생각을 찾아내는 일은 매우 중요한 과정입니다.

부정적인 느낌에서 생각이 발생할 때,
일단 판단하는 생각을 멈추고
느낌을 그 자체로 충분하게 느끼면서,
그냥 지나가도록 허용하는 것이 중요합니다.

하지만 느낌이 자주 반복되거나 오래 지속되면,
그 느낌을 일으킨 생각을 찾아내야 합니다.
생각은 눈 깜박할 찰나에 번개처럼 지나가기 때문에
관찰하기가 쉽지 않습니다.

여기에, 생각을 찾아내는 좋은 방법이 있습니다.
먼저 생각의 흔적, 그 불안이나 우울의 느낌을 알아차리고
다음과 같은 질문을 던져봅니다.

'이것은 어떤 생각에서 찾아왔지?

그러면 그것을 일으킨
바로 직전에 스치고 지나간 생각을 잡아낼 수 있습니다.

이렇게 생각을 찾아서 자각하는 순간에
생각으로 말미암아 발생된 느낌,
불안감은 즉시 사라집니다.

알아차림의 명상은
느낌과 생각에 휩쓸리지 않고
그것을 충분하게 느끼게 하고
그것으로부터 거리를 두게 하고
존재를 존재하는 그대로 바라보게 합니다.
한 번 연습해 보지 않으시겠습니까?

불쾌한 일이 있다면,
조용히 앉아서 몸의 느낌을 그대로 느껴보고
바로 그 직전에 어떤 생각이 스치고 지나갔는지 찾아봅니다.
생각을 발견하는 순간,
당신은 이미 자유롭습니다.

판단중지

일단 생각을 찾아냈다면
생각을 멈추고
순수한 체험 자체로 들어가기.
그것이 불쾌한 것이든, 기분 좋은 훈풍이든
그냥 존재하는 그대로 느끼기.

이때야 비로소 나는,
지금 여기에서 살아있음의 축복을 느낍니다.

느낌을 그 자체로 느끼기 위해서는
생각, 판단을 멈추는 일이 필요합니다.
끊임없는 생각이 우리를 혼란시키고
삶을 존재하는 그대로 수용하는 것을 방해합니다.
사실 생각은 자신이 아닌 사회적인 유산입니다.

종종 생각은 느낌의 폭풍을 불러일으킵니다.
느낌과 긴밀하게 연결된
생각의 끝을 보아야 합니다.
그렇지만 생각을 변화시키겠다는 의도를 갖지는 않습니다.

부정적인 생각을 긍정적인 생각으로,
비합리적인 생각을 합리적인 생각으로,
현실적이지 못한 생각을 현실적인 생각으로,

인지행동을 강조하는 많은 교사와 부모는 이렇게 합니다.
이것은 잔소리가 되고 억압이 됩니다.
역효과만 만들어 냅니다.
여기 명상상담에서는
생각을 조정하고 관리하는 대신에
그냥 그대로, 인정하고
그곳에 머물러 바라보는 것을 중시합니다.

순수한 느낌, 그 자체에 닻을 내리기 위해서
생각에 기댄 가치판단은
잠깐 보류하여, 괄호 속에 묶어두고,
내게 닥쳐온 현실적인 근거, 감각자료, 자극을
그 자체로 바라보기.

바람이 불든, 비가 오든, 안개속에서 흐릿하든,
느낌과 스치고 지나간 생각을
그냥 그대로 수용하고 허용하는 것,
이때야 비로소 지금여기의 나는
집착에서 분리되는
해탈의 기쁨을 경험합니다.

그러면 변화는 저절로 그 뒤를 따릅니다.
마치 바퀴 자국이 수레의 뒤를 따르듯이.

수행의 비결

우리 모두는 건강하기를 원합니다.
무엇이 건강일까요.
몸, 마음, 사회, 영적인 측면에 이르기까지
건강에는 다양한 관점이 있습니다.

건강이란 '고통이 없는 상태' 라는 일반적인 통념이 있습니다.
어딘가 불편하면
건강하지 못한 것이고,
우리는 그것을 없애는 데에 온 힘을 기울입니다.

이를테면 불안이나 우울감이 느껴지면,
그것을 억압하거나 회피하여
벗어나려고 애씁니다.

이런 노력은 일시적으로 효과가 있는 듯이 보이지만,
돌아서면 더 강한 우울이나 불안을 동반한
폭풍이 밀려오곤 합니다.
왜냐하면, 그것을 피하려는 마음은
역설적으로 그것에 다시 집중하게 되고
더욱 강력한 폭풍이 되어 되돌아옵니다.

고통이 없는 상태를 인위적으로 얻으려는 몸부림은
결국, 헛된 노력이 됩니다.

'삶은 고통이라' 는 부처님의 말씀은
고통을 없애거나 피하라는 말이 아니라,
고통이 존재하는 삶이
건강하고 정상이라는 의미입니다.

고통은 삶의 진실이고
삶의 본래 모습인 까닭에,
그 자체로 기꺼이 받아들이고 수용하라는 말입니다.
우리의 삶은 순간순간 그 자체로
부족함이 조금도 없습니다.
불안과 우울은 그 자체로 건강한 모습입니다.

다만, 이런 마음현상을 인위적으로 통제하려는 행위를
내려놓는 것,
이것이 도(道)이고
이것이 깨달음과 해탈의 길로 가는
수행의 비결입니다.

걷기명상

걷는 행동은 삶에서 매우 중요한 부분입니다.
여기에서 저기로,
이 마을에서 저 마을로,
거미줄처럼 서로 연결된 시골길을 걸어본 기억이 있을 것입니다.

삶의 여정에서 걷는 행동은 어떤 목적을 이루기 위한
수단이자 도구로 사용됩니다.
예컨대 상점에 갈 때,
우리는 무엇인가를 구입하기 위해
그곳까지 걸어서 갑니다.

그러나 우리는 상점까지 걸어가는 과정에서
걷기명상을 할 수 있습니다.
천천히, 느리지도 빠르지도 않게,
걸음걸음에 충분하게 깨어있으면서,

얼굴을 만지고 지나가는 공기의 흐름을 느끼고,
대지를 접촉하는 발의 중력,
그 미세한 움직임을 주시하고,
굽혀지고 펴지는 무릎의 부드러운 리듬을 보면서
상점까지 갈 수 있습니다.

강박적으로 무엇인가를 정신없이 바쁘게 하지 않아도 됩니다.
만약 이렇게 상점까지 걷기명상으로 다녀 온다면,
걷는 행위는 다른 무엇이 됩니다.
그 자체로 삶의 목적이 됩니다.

지금여기에서
삶은 충분히 완결되어 있고,
부족함이 없습니다.

불만족과 결핍감은 어디서 올까요.
나의 삶이 어떤 다른 목적,
갈망을 쫓는 수단과 도구로 쓰일 때
공허감을 느끼게 됩니다.
이때는 풍요 속에서도 늘 배가 고픕니다.
여전히 나는 목적지에 도달하지 못했고,
다시 일어나 해야 할 일이 저기에 있다고 느낍니다.

참 피곤합니다.
지금여기는 행복하지 못하고,
불만족스런 상태로
일회용 물건처럼 마구 버려지고 있습니다.
걸으면서 명상하지 못하게 하는
우리 문명의 슬픔입니다.

먹기 명상

우리는 음식을 먹고나서도
어떻게 먹었는지 잘 기억하지 못합니다.
여행처럼 음식을 먹으면서
온통 누구는 어떻고, 무슨 일이 있었는지… 이야기하는데 열중합니다.

혼자서 음식을 먹을 때도
계속 다른 생각이나 영상에 빠져서
실제론 음식의 맛을 느끼지 못하는 일이 많습니다.
어제 있었던 일이 떠올라오고
오후에는 무엇을 할지 계획들이 주마등처럼 지나갑니다.

이때, 곧 알아차리고
지금 느껴지는 맛에 주의를 돌려서
먹는 행위와 그 움직임을 대상으로
명상을 합니다.

밖으로 향한 의식이 내면으로 되돌아오는 순간,
갑자기 어둠 속에서 쏟아지는 햇살처럼
시큼한 포도맛이
입안을 온통 가득 채우면서 아우성을 질러댑니다.
나도 모르게 눈을 질끈 감습니다.

눈썹 사이의 긴장된 근육과 함께
입안의 신맛이 그대로 눈에 보입니다.
짜릿한 신맛을 계속 집중하여 보니
자동으로 혀가 움직이면서 달콤한 단맛도 느껴집니다.

혀의 움직임을 멈추고
맛의 느낌에 계속 머물러
그 변화를 관찰합니다.
이때 호흡이 멈추어 있음을 자각합니다.
천천히 숨을 들이마시면서,
엷어지는 입안의 느낌을 지켜보면서,
숨을 내쉽니다.

이러는 동안 온갖 상념에서 벗어난 나를 발견합니다.
의식의 표면으로 떠오른 달처럼
지금 여기에 온전하게 드러난
얼얼한 느낌의 흔적을 바라봅니다.

이렇게 현재와의 접촉을 통해서
비로소 고요한 행복감을 느낍니다.
고개 돌려 창밖을 보니,
청명한 바다 위로 갈매기가 날아갑니다.

그냥 앉아있기

안팎의 경계선에 앉아서
출입하는 생각,
느낌들을 지켜보는 것,
단지 이것 자체를 위해서
어떤 평가나 선택을 하지 않으며
단지 바라보는 것,

논리적으로 따지지 않고
그냥 그대로 있는 것,
단지 이것 자체가 되어
문턱을 지키는 문지기처럼
들판의 파수꾼처럼,

눈을 뜨고 지켜보지만,
적과 아군을 구별하지 않고
어떤 지식도 소유하지 않으면서.

단지 흐르는 냇물을 바라보면서,
햇살은 투명한 물살을 꿰뚫지만
흔적을 남기지 않는,

지금 여기.

마음의 해탈

바닷가 마을에 바히야라는 수행승이 살고 있었습니다.
그는 마을 사람들로부터 존경을 받고 섬김을 받고
음식과 처소를 보시 받았습니다.
하지만 스스로는
거룩한 수행의 길로 들어서지 못했다고 느꼈습니다.

어느 날 그는 북쪽에 사밧티라는 도시에 거룩한 님,
올바로 원만히 깨달은 님,
세상에서 존경받는 부처님이 계시다는
이야기를 듣고
마침내, 행장을 꾸려 구도의 여행을 떠났습니다.
오랜 여행 끝에 부처님이 계시는
제따숲의 명상센터에 도착했습니다.

마침 부처님께서 탁발을 나가시어
명상센터에 계시지 않았습니다.
바히야는 기다릴 수가 없어 서둘러
탁발 나가신 방향으로 다시 길을 떠났습니다.

다행히 가는 도중에
고요하고 거룩하신 부처님을 만난
바히야는 올바른 가르침을 청하였습니다.

부처님께서 말씀하시었습니다.

"지금은 알맞은 시간이 아니고, 적당한 장소도 아닙니다."

그러자 바히야는 말했습니다.

"세존이시여, 저는 기다릴 시간이 없습니다.

제 목숨이 얼마나 긴지 알 수가 없습니다.

지금 이곳에서 가르침을 청합니다."

부처님께서 자세히 살펴보시고 말씀하시었습니다.

"그렇군요. 많은 시간이 없군요.

그러면 이와같이 배워야 합니다.

볼 때는 단지 보기만 하고,

들을 때는 단지 듣기만 하고,

감각할 때는 단지 감각만 하며,

인식할 때는 인식될 뿐,

그곳에는 바히야여, 그곳에는 그대가 없습니다.

그대가 그곳에 없으므로 괴로움 또한 없습니다."

바히야는 이 간단한 가르침에

집착 없는 마음의 해탈을 완전하게 경험하였습니다.

단지 바라보기만 하라

지난 번에 보낸 명상편지,
바히야의 '마음해탈'이 이해하기 어렵다며
부연설명을 요청하신 분이 있습니다.
감사드리면서 답변을 하고자 합니다.

"볼 때는 보기만 하고, 들을 때는 듣기만 하고,
감각할 때는 감각만 하며, 인식할 때는 인식될 뿐,
그곳에는 바히야여, 그대가 없다.
그대가 그곳에 없음으로 괴로움 또한 없다."

우리는 사물이나 사람 혹은, 세상을 바라볼 때
그저 존재하는 그대로 보지 못하는 경향이 있습니다.
어떤 자극이 오면
자동적으로 판단하고 비난하며
늘 근심합니다.

외적, 내적 자극은 첫 번째 화살입니다.
첫 번째 화살은 역사적인 현실이고
자기가 처한 인연의 맥락이라 피할 길이 없습니다.
그냥 그대로 허용하고 수용하며
바라보고 있으면 곧 지나갈 것입니다.

그러나 우리는 첫 번째 화살을 그냥 보내지 못합니다.
내게 닥쳐온 손님들을 평가하고,
어떤 의도를 가지고 반응하고 통제하여,
자신과 타인을 향하여 자책하고 판단하는
두번째의 화살을 끝내 얻어맞게 됩니다.
이것은 바로, 자아의 방어적인 활동이고
고통의 중심축입니다.

볼 때는 보기만 하라.
이 말의 빠알리어를 그대로 직역하면,
'볼 때는 보이도록만 하라' 가 됩니다.
인위적인 의도로써 자아나 신을 그곳에 첨가하지 말고
존재하는 그대로 허용하고 수용하라는 뜻입니다.
기존의 지식이나 선입견으로
반응하지 말고,
온전하게 그 자체로 충분하게
경험하고 느껴보라는 말입니다.

봄꽃을 볼 때,
청명한 하늘의 종달새 소리를 들을 때,
내가 그것을 듣는 것이 아니라
꽃이 보이게 하고
새소리가 내게서 들려지게 하는 것,
마음을 열고 온전히 그것과 하나가 되는 것,
이때 그곳에 분별하고 판단하는 자아는 없습니다.
이런 자아가 없기에 괴로움도 없습니다.

알아차림과 깨달음은
서로를 방해하지 않고
스스로 의식의 표면 위로 떠올라오는 달빛입니다.

이완 명상

복잡한 현대 사회에서
끊임없는 경쟁과 과업달성에 대한 강박으로
우리는 스트레스 받고 있습니다.
그러면 온 몸이 긴장되고 아파옵니다.

지금 몸 어디가 긴장되어 있나요?
이완 연습을 해볼까요?

지금 하시던 일을 잠깐 멈추고
긴장된 부분을 찾아보세요.
신체는 스트레스를 받으면
압박감으로 반드시 반응을 합니다.
어깨, 눈썹, 아랫배 아니면, 두 발… 어딘가요?

눈을 감고
두 눈썹에 힘을 주어
그곳에서 긴장감을 느껴보세요.
의도적으로 힘을 주어 긴장감을 높여보세요.
점점 높여서 극점까지 가보세요.
그런 다음
일시에 힘을 빼보세요.

근육이 이완되고
긴장이 풀리면서 생기는 파문이
온 얼굴로 퍼져나가는 모든 과정을
조용히 지켜보시길 바랍니다.

고요한 그때,
그 느낌이 다 지나가면
평소의 호흡으로 돌아옵니다.

잠깐 쉰 다음, 이번에는
깊게 그리고 길게 숨을 들이마셔 봅니다.
아랫배가 천천히 불룩 나오게 한 다음,
자연스럽게 극점에서
온몸의 힘을 내려놓습니다.
마치 고무줄이 길게 늘어졌다가
제자리로 돌아가듯이,

그 전 과정을 조용히
주의 집중하여 살펴봅니다.
호흡이 정상으로 돌아오면,
어떤 의도도 갖지 않고 호흡을 그대로 지켜봅니다.
이것을 두세 번 거듭 연습해 보세요.
그러면 그 느낌이 어떨까요?

오늘은
…일단 멈추기,
…긴장 내려놓기,
그리고 호흡으로 돌아오기
이 3단계로 구성된 이완 명상을 연습해 보아요.

자애명상

사회가 복잡해지고
대인관계가 다양해지면서
갈등이 증폭되고 소통이 단절됩니다.
그러면 답답하고 힘들어질 때가 있습니다.

그래서 나이 드신 스님께 여쭈었습니다.
미워하는 마음이 있으면 어떻게 해야 합니까?
그러자 스님은 웃으면서
그럴 때 자애명상을 수련하면 좋다고 말씀하셨습니다.

자애명상은
나 자신과 이웃의 안녕을 기원하는,
자애의 마음을 확산시키는 기도입니다.

먼저 눈을 감고,
심술이 난 자신의 얼굴표정을 떠올리면서
다음과 같이 기원합니다.

"살아있는 모든 생명이여,
행복하라. 편안하라. 안락하라."

마음이 누그러지고 나아질 때까지 반복합니다.
얼굴 근육에서 긴장이 풀리고
마음이 편안해질 때까지 반복합니다.

그런 다음, 미워하는 사람의 얼굴을 떠올리면서
다음과 같이 기원합니다.

"살아있는 모든 생명이여,
행복하라. 편안하라. 안락하라."

처음에는 미워하는 마음이 풀리지 않을 수도 있지만,
상대방의 표정이 바뀔 때까지 반복합니다.
이때 주의할 점은 긴장을 풀고
진심으로 그 사람을 위해 기도하는 것입니다.

"살아있는 모든 생명이여,
행복하라. 편안하라. 안락하라."

그래도 미워하는 마음과 화가 풀리지 않으면
왜 화가 났는지, 내가 무엇을 원하는지를 분명하게 자각한 다음에
그 사람을 찾아가서 조용히
자신의 마음을 표현하는 것도 소통의 한 방법입니다.

용서

앉아서 명상을 하면
마음이 고요하고 평화롭습니다.
그때 노크소리가 들리고
내 앞의 빈 의자에 그 분이 찾아와 앉습니다.
그 분과의 화해를 원하는 나는 기도를 합니다.

나를 용서하세요.
나의 거친 말투와 행동들,
부정적이고 공격적인 판단들을,
이로 말미암아 상처받은 당신은
아마도 몹시 상심하고 힘들었을 것입니다.

참회합니다.
분명하게 알지 못한 채
습관적으로 일어난
나의 말, 행동, 생각들을
용서해 주시길 바랍니다.

나 또한 당신을 용서합니다.
당신의 비난하는 말투,
모욕적인 당신의 행동들로
그때마다 힘들었지만, 이제 모두 용서합니다.

그것들은 당신이 물려받은 오랜 역사의 유산이었습니다.
당신 자신도 알지 못한 채
했던 행동임을 이제야 나는 알게 되었습니다.
나의 빈 의자에
찾아와주신 당신을
이제 용서합니다.

젊은 당신의 모습은 어디 가고 없고
흰 머리칼에 지친 당신의 표정을 바라보니,
안쓰럽고 미안하며, 깊은 슬픔도 느낍니다.
세월의 무상함 속에서
미움과 원망이 일순간에 다 눈처럼 녹아버립니다.

당신을 용서합니다.
당신이 진실로 행복하고, 평화롭고
안락하시길 기도합니다.

호흡으로 돌아오기

호흡은 들숨과 날숨,
그리고 잠깐의 멈춤으로 구성됩니다.
들숨은 긴장이고 날숨은 이완입니다.
긴장과 이완의 순환은 낮과 밤처럼, 계절의 변화처럼,
이 세상의 모든 변화를 대표합니다.

아나빠나사띠(ānāpānasati)는 호흡의 '알아차림' 입니다.
호흡이 지금여기에 있다는 알아차림(sati)이 드러나면,
자연스럽게 호흡의 길고 짧음에 대한
'분명한 앎(sampajāna)' 이 뒤따르게 됩니다.
여기에는 우울과 한탄과 갈망이 없습니다.
경전에서는 호흡을, 편안하고 즐겁게 머물 수 있는 장소라 했고,
많은 논서들에서는 혼란스럽고 산만한 마음을 치유하는
좋은 방편이 바로 호흡이라 했습니다.

우울한 느낌에 나도 모르게 빠져들고
마음이 산만해지면,
금방 이것을 알아차리고 호흡으로 돌아옵니다.
왼쪽 어깨에서 소멸되는 느낌이 보이고
들썩이는 생각이 보입니다.
그러면 감정과 생각의 융합에서 분리되어
든든한 대지에 두 발을 내딛게 됩니다.

호흡의 알아차림은 항상 지금 여기입니다.
과거나 미래의 상념으로 흘러들어가는 마음을 판단하지 않고,
나를 자책하지 않으면서,
그냥 그대로 바라봄으로써
지금 여기에서 뛰어난 자각과 해탈을 경험하게 됩니다.

숨이 들어오는 과정을
조용히 바라보고 있으면
온 몸에서 행복감이 일어납니다.
그런 다음 숨이 자연스럽게 다시 내려갑니다.
강물에 내려앉는 새들처럼.

들숨과 날숨에서
든든하고 안전한 공간을 충분하게 느끼고
호흡과 나는 하나가 됩니다.

죽음

여기에,

한 생명이 죽음을 맞이하고 있습니다.
다리는 이미 굳어 움직이지 않고
열이 높고
숨을 거칠게 내쉬고 있습니다.

아, 거대한 강물 위로
노랑 붓꽃이 무너져 떨어졌습니다.
길다란 파문을 남기고
숨결이 잦아들더니
아름다운 당신은 열반에 드시었습니다.

가족들의 흐느낌을 뒤로 하고
당신은 침묵의 문턱을 넘어갔습니다.

저기에로.

비가 옵니다.
수련이 피어 있는 강물 위로 내립니다.
고요한 수평 속으로
슬픈 파문이 여기저기 퍼져나갑니다.
떨리는 기타의 음율처럼,
가슴에서 아픈 느낌이 슬금슬금 올라옵니다.

젖은 눈을 감고
호흡에 집중합니다.

제 2 부

명
상
상
담

명상상담

노출은 사진을 찍을 때
피사체에서 반사되어 오는 빛의 양을 말합니다.
이 빛의 양에 의해 사진의 질이 결정됩니다.
너무 적으면 어둡고, 너무 많으면 버리게 됩니다.
그래서 조리개라는 자아가 노출의 수준을 적절하게 조절해 줍니다.

명상에서는 잠재된 내면의 경험들이 활성화되어
의식의 표면 위로 출현하는 순간을 노출이라 합니다.
이때 이곳에서 그 대상을 알아차리고,
충분하게 머물러, 지켜보는 일이 명상입니다.
상담에서는 내담자가 신뢰할 수 있는 상담자에게
자신의 힘들고 반복되어온
고통스런 경험을 그대로 드러내는 과정을 노출이라 말합니다.

서구에서 주로 발전되어온 상담은
심리적 성장과 사회적 적응에 더 많은 초점을 맞춘 까닭에
조리개의 자아를 강화시켜
노출을 관리하고 통제하는 방식을 취하는 경우가 많습니다.

동양에서 기원된 명상은
자아를 초월하는 데서 오는 영적 체험,
정서적 안정과 자기통찰을 더 중시하는 까닭에
노출을 그대로 수용하고 허용하면서,
조작하지 않고 지켜보는 것을 강조합니다.

새로운 천년이 시작되면서
많은 교류를 통해 동서양은 서로의 가치를 인정하게 되었고,
명상과 상담은
지향하는 가치가 서로 위배되는 것이 아니며,
서로 보완하고 통합하여야 함을 본격적으로 배워가고 있습니다.

이제 명상과 상담은 별개가 아니라
'명상상담' 으로 결합시켜 사용하는 이유가 여기에 있습니다.
이것은 우리를 영적 통찰로 이끌고,
이웃에 대한 끝없는 배려로 나아가게 할 것입니다.

이것이 바로, 끊임없이 갈등해 온
인류가 나아갈 큰 소통의 길이라고 믿습니다.

소통

요사이 많은 사람들이 소통을 말 합니다.
가정이나 직장 혹은 사회계층 간에 소통이 부족하다고 말합니다.
무엇이 좋은 소통일까요.

소통을 가로막는 것은 두려움입니다.
두려움은 상대방에 대한 것도 있지만,
사실은 나 자신에게서 더 많이 발견됩니다.

거절당하지 않을까?
저들은 나를 어떻게 볼까?
자꾸 위축되고
나중에는 나 자신을 잃어버리게 됩니다.

좋은 소통은
먼저 나의 감정, 생각, 갈망을
존재하는 그대로 알아차리고,
억압하거나
일시에 폭발시키지 않고
그냥 솔직하게, 자연스럽게 표현하는 것입니다.

자신을 존재하는 그대로 먼저 이해하는 것,
이것이 명상입니다.
자신을 그대로 수용하면서
오늘 자신을 표현하는 연습을 했으면 합니다.
즐거운 하루 되시길 바랍니다.

듣기 명상

오늘은 듣기 명상입니다.
소리를 판단하지 말고,
그냥 온전히 그 자체로 들어봅니다.

시계소리,
개 짖는 소리,
전화벨 소리…

있는 그대로 음악 감상하듯이
하던 일을 잠깐 멈추고 조용히 들어봅니다.

경청하기는 참 어렵습니다.
사실, 우리는 듣기보다 말하기를 더 좋아합니다.

상대방이 말을 이해하려는 노력보다는
자동적으로, 재빠르게 자기 방식으로 해석하여
공격하거나
방어모드로 돌입합니다.

경청을 잘 하려면,
우선, 공격적이거나 방어적인 태도를 내려놓고
고요하게 마음을 텅 비워야 합니다.
이때에야 비로소 소통이 이루어집니다.

길(道)이란, 마음에서 마음으로 서로 통하는 것입니다.
교통사고로 차가 한없이 밀릴 때처럼,
길이 막히면 몸도 아프고 가슴도 답답해집니다.
텅 비움의 명상을 통해서

나는 너에게
너는 내게로

우리는 충만한 에너지의 징검다리가 됩니다.
이것이 경청의 힘입니다.
판단을 멈추고
상대방이 하는 말을 그대로 집중하여 들어봅니다.
이것이 대인관계 속에서 연습하는
듣기 명상의 핵심입니다.

적극적 경청

'적극적 경청'
그것이 무어냐고 묻습니다.

상대방의 마음을 그대로 읽어주는 것입니다.
책을 읽듯이,
그 사람의 감정을 느껴주고,
그의 생각을 적극적으로 공감해 주고,
그가 원하는 것이 무엇인지 물어봐 주는 것입니다.

대화를 할 때 우리는, 상대방을 설득하여
내 뜻대로 조정하려는 의도를 가질 때가 참 많습니다.
특히 가족이나 직장 동료와 대화할 때,
이런 권력에 대한 의지가 자주 표출됩니다.
이곳에 상대방에 대한 배려와 존중은 없고
나의 이기심만이 존재합니다.
결과는 소통의 단절이며 갈등의 증폭과 깊은 불신입니다.

가까운 들판에 나가보면,
빛나는 햇살과 바람을 바로 만날 수 있습니다.
좀 더 주의를 기울여 살펴보면,
멀리 숲에서 새소리가 들리고
발아래에는 이름을 알 수 없는, 예쁘고 작은 야생 꽃이 보입니다.

몸을 숙여 자세히 살펴봅니다.
부드러운 선, 고유한 모양과 선명한 색깔에서
경이로운 감동을 경험하게 됩니다.

적극적 경청은 수동적으로 듣는 일이 아닙니다.
이것은 저기 세계속으로의 따뜻한 동행이며
함께 만들어내는 창조적 행위입니다.
상대방에 대한 존경 어린 관심이고,
그가 처한 매우 특별한 상황과 맥락을 이해하고자 하는
자애명상의 실천입니다.

붓다의 호흡

붓다께서 말씀하시었습니다.

"명상 수행자들이여,
숲 속 나무 아래로 가거나
빈 방에 앉아
조용히 허리를 곧게 세우고
면전에 알아차림(念)을 확립하라.

수행자들이여,
수행자는 숨을 알아차리면서 마시고
숨을 알아차리면서 내쉰다.

길게 들이마실 때는
길게 들이마신다고 분명하게 안다(知).
길게 내쉴 때는
길게 내쉰다고 분명하게 안다.

짧게 들이마실 때는
짧게 들이마신다고 분명하게 안다.
짧게 내쉴 때는
짧게 내쉰다고 분명하게 안다.

수행자들이여,
수행자는 온몸을 느끼면서
숨을 들이마시겠다고 연습한다.
온몸을 느끼면서
숨을 내쉬겠다고 연습한다.

수행자들이여,
수행자는 몸의 갈망을 편안히 하면서
숨을 들이마시겠다고 수련하고,
몸의 갈망을 편안히 하면서
숨을 내쉬겠다고 수련을 한다."

그러면
거룩함과 마음의 평화와 맑게 깨어있음이
지금 여기에 함께 합니다.

명상과 스트레스 관리(1)
- 3분 명상

우리는 일상에서 스트레스를 피할 수 없습니다.
삶은 항상 위기의 연속이고
스트레스는 삶의 일부가 아닌가 생각합니다.
피할 수 없다면 즐기라는 말도 있듯이
스트레스를 영적 성장으로 이끌 수만 있다면
오히려 전화위복입니다.

어떤 종류의 스트레스라도 그 느낌은
문득 닥쳐오는 외적 자극에 의해 일어나며
마음 속에서 일어나는
생각에 의해서도 직접적으로 영향을 받습니다.

스트레스가 몰려오면
우리는 공격하거나 도망갑니다.
어느 경우든 심장박동수가 늘어나고,
긴장감과 함께 혼돈상태에 빠지며,
얼어붙어 꼼짝 못하는 경우도 있습니다.

물론 스트레스에 대응하는 전략은 많습니다.
여기서는 '3분명상' 을 소개하려고 합니다
3분명상은 어떤 스트레스이든
그에 따른 신체반응의 지속 시간이
3분이라는 점에 근거합니다.

3분이 지나면 신체는
자연스럽게 정상상태로 회복됩니다.

단, 이때
신체의 불쾌한 느낌을 회피하거나 억압하면서
마음 속에서 부정적인 판단을 계속하면,
스트레스는 그냥 지나가지 못하고
몸에 남아서
만성적인 피로나 근육통증을 유발합니다.

여기서 명상의 핵심된 역할은
스트레스 파문이
고착되지 않고 그냥 지나가도록 허용하는 것입니다.

모든 판단을 멈추고
불쾌한 느낌을 피하지 않고 직면하면서
호흡과 함께
신체에서 일어나는 느낌을 그대로,
그 변화의 전 과정을
3분 동안 지켜보는 것입니다.

그러면 어떻게 될까요?
바로 지금 하던 일을 잠깐 멈추고
직접 한번 시도해보시길 권합니다.

명상과 스트레스 관리(2)

3분 명상은
일상생활에서 스트레스가 밀려올 때마다
잠깐 멈추고 바라보는 명상법입니다.
3분 명상은 다음과 같은 3단계로 구성되어 있습니다.

- 알아차리고
- 머물러
- 지켜보기

알아차림(念, sati)은
느낌이나 감정, 스치는 생각이나 갈망과 같은,
지금 일어나는 경험을
판단없이 분명하게 자각하는 것입니다.

머물기(止, samatha)는
알아차림에 의해 포착된 심리현상에
주의를 집중하는 상태를 말합니다.
그 현상에 머물러
충분하게 경험하면서 온전히 수용하는 것입니다.

지켜보기(觀, vipassana)는
호흡과 함께, 주의를 집중하고 있는 대상의 변화하는 과정을
존재하는 그대로 바라보는 것입니다.
통제하거나 어떤 식으로 챙기려는 의도를 갖지 않습니다.

예를 들면, 들판에서 아름다운 꽃을 보고
감탄하면서 가던 길을 멈춥니다.
이것은 문득 정신이 깨어나는
알아차림의 단계입니다.

이제 그 꽃으로 다가갑니다.
그것의 색깔, 냄새, 생김새, 잎들에 주의를 집중하면서,
그 자체로 인정하고 수용하면서 온전하게 느껴봅니다.
머물기 단계입니다.

이제 꽃에서 조금 멀리 거리를 두고
바람에 흔들거리는 꽃의 전체적인 모습을 바라봅니다.
들판에 피어난 이름 모를 노랑꽃을
호흡과 함께 한참을 바라봅니다.
이것이 지켜보기입니다.

이 3분 명상의 대상은
성남이나 우울이 될 수도 있고,
신체적인 감각일 수도 있습니다.

가족과 한바탕 싸움을 하고 난 다음
조용히 자신의 호흡과 몸의 열기를,
생각을 멈추고, 그냥 그 자체를 수용하면서
전 과정을 지켜보는 것,

이때야 비로소
나는 본래의 나에게로 돌아옵니다.

느낌명상

인간을 감성적인 동물이라고들 합니다.
이성과 상반되는 조금은 열등하다는 의미가 함축되어 있습니다.
우리의 문화는 느낌이나 감정을 느끼고 표현하지 못하도록
가르치는 경향이 있습니다.
자기의 감정을 표현하는 일은 위험한 일이고, 그런 사람은
예의가 없거나 배우지 못한 사람으로 취급받습니다.

하지만 느낌을 그대로 온전히 느낀다는 것은
경이로운 일이 아닌가요?
슬프고 기쁜 느낌을 그대로 느끼면서
그것의 발생을 알아차리고,
그 안에서 환하게 머물러,
그것이 소멸되는 모든 과정을 지켜보는 일은
비 오는 날 무지개를 바라보듯이
신기한 일이 아닌가요?

조용히 눈을 감고 몸의 느낌을 느껴봅니다.
신체 어디에 어떤 느낌이 있는지 살펴봅니다.
처음에는 바람도 없는 곳에서
나뭇잎이 흔들리는 미세한 느낌을 발견할 수도 있습니다.
그런데 이 녀석이 점점 세력을 얻더니
온 땅을 뒤흔들어놓는 폭풍으로 발전할 수도 있습니다.

두렵지만, 그대로 허용합니다.
그것의 이름을 불러주면서
오히려 적극적으로 자세하게 살펴봅니다.
그것들은 표현하기 힘든 머리의 어지러움일 수 있고,
어깨를 짓누르는 책임감과 같은 불쾌함일 수 있고,
가슴을 조여 오는 불안감일 수도 있습니다.

고통스럽고 힘이 들면,
'왜 살지?'
이런 질문이 고개를 쳐들고 일어날 때가 있습니다.
그러나 우리는 좋은 느낌을 느끼기 위해
사는 것은 결코 아닙니다.

싫은 느낌을 혐오하여 끊임없이 도망 다니고,
좋은 느낌에 끊임없이 매달린다면,
나는 더욱 피폐해지고
상실에 대한 두려움으로 우울과 불안감이 끊임없이 재생산됩니다.

그렇지만,
불쾌한 느낌도 부정할 수 없는 내 삶의 일부이고
내게 찾아오는 귀한 손님입니다.
그냥 조용히 마중하여 내 방으로 안내하고,

호흡과 함께 눈을 감고,

존재하는 그대로 온전하게 느끼면서,

그 변화되는 전체의 과정을 휩쓸리지 않고,

머물러 지켜볼 수만 있다면,

결국 이것이 우리를 지혜로 이끌고,

나의 삶을 풍요롭게 하지 않을까 합니다.

오늘은 이렇게

느낌명상을 3분 동안만이라도 연습해보지 않겠습니까?

충분하게 느끼기

불안 같은 감정이 떠오르면
가슴이 답답해지고 명치끝이 아파옵니다.

이런 종류의 혐오스런 자극은 결코 유쾌하지 않습니다.
이런 때에 우리는 십중팔구 도피를 선택합니다.
쓴 약을 먹지 않으려는 아이처럼, 어떻게 해서든 피하려 합니다.
하지만 피할수록 더 불안해집니다.
'불안에 대한 불안', '두려움에 대한 두려움' 입니다.
'또 다시 몰려오면 어떻게 하지' 걱정하면서
밖에 나갈 수도 없고 사람 만나는 일도 미리 피합니다.

이럴 때 어떻게 행동하세요?
"어쩔줄 몰라 해요. 머리가 새하얗게 돼요.
참, 큰 사고가 날 것 같은 공포감이 밀려와요.
그때, 숨을 쉴 수가 없어요.
네, 약을 찾아요… 약에 많이 의존해요.
어떻게 할 수가 없잖아요.
빨리 여기서 벗어나서, 도망가는 일을 생각합니다.
이러는 내가 참 부끄럽습니다.
바보 같고 수치스럽고 자존감이 한없이 추락합니다.
이러는 나를 누가 알까봐 전전긍긍합니다."

어둠 속에 감추어진 불씨가 밖으로 드러난 순간,
잠재된 충동이 의식의 표면으로 떠오르면

나는 어찌 할 수 없는 무방비 상태가 됩니다.
하지만 이 순간은 매우 중요하고 귀중한 순간입니다.
달빛처럼,
바로 이때가 명상하기 좋은 시간입니다.

거친 바람과 함께 파도가 무섭게 밀려옵니다.
바라보는 것 자체가 두렵습니다.
압도당하여 나를 잃어버릴 것 같은 공포입니다.
하지만 도망갈 궁리를 하지 말고
침착하게 이 순간에 잠깐 멈추어 서서
온몸의 느낌을 바라보는 것입니다.

자신을 꾸중하지 말고
어떤 판단도 하지 말고
그냥 밀려오는 폭풍의 그 끝자락을 붙잡고
호흡과 함께,
몸의 구석구석을 휩쓸고 지나가는 그 물결의
전 과정을 그대로 느껴봅니다.

그러던 어느 순간
작은 기적, 변화가 일어납니다.
태풍의 진로가 바뀌고,
물결이 차츰 가라앉으면서,
몸 안에서 이전과는 다른 안정감과 고요함이 발견됩니다.
자신감과 함께 존재감이 느껴집니다.

이제 나는 본래 부족함이 없음을
더 이상 의심하지 않습니다.

노출

노출은 감추어진 감정이 밖으로
드러나는 것입니다.
감정이 반복적으로 드러날 때,
우리가 취하는 행동은 두 가지입니다.

하나는 자신의 감정에 휩쓸리는 것입니다.
그 감정에 빠져들면서
충동적으로, 거칠게 자신의 주장을 표출합니다.
다른 하나는 감정이 몰려오면,
움츠려들면서 회피하거나
제거하려는 태도입니다.

우리는
대체로 폭발과 억압의 양극단을 왕래합니다.
어떤 경우든 이곳에는 두려움이 있습니다.
두려움은 자신의 감정을,
존재하는 그대로 수용하고 만나지 못하게 합니다.
이때, 안전한 공간을 제공해 주는
든든한 누군가가 옆에 있다면 좋겠습니다.

그 사람은
가족일 수 있고,
친구일 수도 있고, 정신적인 스승일 수도 있습니다.
그와 함께라면 반복적으로 출몰하는
위협적으로 느껴지는 느낌, 감정들을
알아차릴 수 있고,
견디면서 함께 머물 수 있고,
그 전 과정을 지켜볼 수 있을 것입니다.

당신의 안전한 공간은 어디입니까?
그 사람을 생각하면,
든든한 대지의 깨달음이 내면에서 경험되는
그런 공간은 어디입니까?

안전한 공간

위협으로 가득 찬 이 세상에서
당신은 어렸을 때 어디에서 안전함을 느꼈던가요?

어떤 이는 어둡고 아무도 없는 다락방이라고 말합니다.
편안한 이곳에서 잠이 들어버린 자신을 찾기 위해
온 식구가 난리가 났던 기억이 있다고 합니다.
또 어떤 이는, 책상과 책상 사이의 좁은 틈이라고 합니다.
누구도 나를 찾지 못하는,
방 안에 있지만 이상하게 아무도 모르는 곳,
여기서 안전함을 느꼈답니다.
또 어떤 이는, 힘들 때면
지붕에 올라가 놀기를 좋아했답니다.
아래 마을을 내려다보며 소리를 질러대고
푸른 하늘의 새소리를 듣는 일이 너무나 행복했던 기억이라고 말합니다.

안전한 나만의 공간이 있다면, 행복한 일입니다.
지금 당신의 안전한 공간은 어디인가요?

내면을 들여다보면,
호수의 잔물결처럼,
지난 사건의 영상이 의식의 지평 위로 자꾸만 떠올라옵니다.

본래 존재하지 않는 줄은 알지만,
그것이 불쾌감과 불안감을 만들어냅니다.
행복한 자존감을 느끼고 싶다는 갈망이,
대인관계에서 수없이 지치고 상처 받아서
이제는 쉬어야겠다는
강력한 본능적인 갈망이 웅크리고 있음을 봅니다.

이럴 때 사회는 건강하거나 건강하지 못한,
영화관을 비롯한 다양한 위락시설을 제공합니다.
하지만 이런 것들은 일시적인 위안은 주지만,
진정으로 편안한 공간은 되지 못합니다.

어릴 땐 엄마 품이 안전한 공간이었습니다.
어른이 된 이제, 어디서 이런 공간을 찾아낼 수 있을까요?
나의 안식처, 안전하고 거룩한 공간은 어디일까요?

지금여기,
점차로 소멸해가는 느낌의 길목에서
고요해지고 평온해지면서 안전한 느낌을 경험하는 곳.
숨이 들어오고 나가는
영원한 현재,
햇살 아래 능소화가 활짝 웃는 이곳.

바디스캔(1)

"가슴에서 걸려요. 막혀요.
더 이상 집중할 수가 없어요."

가슴의 느낌에 집중하면서
그것에 이름을 붙여보세요.

"글쎄요. 그냥 싫어요. 무엇인지 모르겠지만,
그곳에 집중하는 것 자체가…,
정말이지,
참… 힘드네요."

말보다 느낌이 더 많은 것들을 가르쳐준다고
우리는 종종 말하지만,
정작 그 느낌을 자세히 살펴보는 일은 결코 쉽지 않습니다.
관찰하는 연습이 필요합니다.

느낌은 마음의 메시지를 전하는 전령입니다.
나뭇잎의 흔들림을 보고 바람의 존재를 인식하듯이,
마음은 몸의 느낌을 통해 자신의 존재를 드러냅니다.
촛불처럼 살랑거리는
즐거운 애착을 일으키는 느낌도 있지만,
너무나 강력하여 직면하기 두려운 나머지

도망가거나 공격하게 만드는 불쾌한 느낌이도 있고,
어느 쪽에도 속하지 않아
무엇도 선택할 수 없는 느낌도 있습니다.

어떤 종류의 느낌이든
그것들은 몸에서 일어나고, 또한 마음을 조건으로 해서 일어납니다.
몸을 통해 발생하는 경우는 '몸 느낌' 혹은 '감각느낌' 이라 하고,
마음에서 비롯된 느낌은 내적인 무의식과 연결되는 까닭에
'감정' 이라고 구별하여 부릅니다.

우리는 몸 느낌을 통해 내면에 숨겨진 억눌린 감정을 읽게 됩니다.
느낌은 몸과 마음을 연결하는 통로,
징검다리가 됩니다.

이 통로가 막히면
몸에서 일어나는 느낌을 그대로 느끼는 데
매우 힘들어질 수가 있습니다.
아니면 느끼는 것 자체를 거부하거나,
사방에서 일어나는 돌개바람처럼
스스로 혼란에 빠질 수도 있습니다.

그렇기 때문에 느낌을 관찰하는 방법이 필요합니다.
바로 몸 느낌의 검색, 일명 바디스캔(bodyscan)입니다.

바디스캔은 느낌을 체계적으로 관찰하는 훈련일 뿐만 아니라
진단과 치료를 위한 알아차림의 기술입니다.
머리 혹은 발끝에서부터
차례로 온몸의 느낌을 관찰하여
몸 어디에 어떤 감각느낌이 있는지 알아차리고,
그것이 마음의 어떤 부분과 연결되어 있는지
살펴보는 접근도구입니다.

그럼으로써 막힌 몸과 마음의 연결 통로를 뚫어
너와 나를 소통하게 하고
지금 여기의 삶에서
끝내 자유를 얻게 하고
조건 지어진 일상의 삶에서 법을 실현하게 합니다.

바디스캔(2)

묻습니다. 왜 바디스캔을 하는지요?
많은 이유가 있습니다.
몇가지 적어보겠습니다.

- 지금 여기의 느낌에 깨어나기
- 존재하는 그대로 허용하기
- 알아차리고 머물러 지켜보기

이것은 여러 사람들이 이야기한 것입니다.
이 부분은 물론 실제로 수행하여 체험해야 하지만,
쉽지는 않습니다.
잘못하면 잠들거나
가던 길을 잃고 헷갈릴 수 있습니다.
되도록이면 바디스캔은 혼자 하지 말고
지도자와 함께 하기를 권합니다.

명상상담에서
바디스캔을 강조하는 이유가 또 있습니다.

그것은 몸 느낌에 따라 마음이 일어나기 때문입니다.
몸 느낌은 마음존재의 조건입니다.
느낌에 따라 탐착과 혐오의 마음이 발생합니다.

바디스캔을 통해서
몸에서 일어나는 느낌이 마음의 어떤 부분과 연결되어 있는지,
반대로 마음의 문제가 어떤 방식으로
몸의 반응을 이끌어내는지를 진단할 수 있을 뿐만 아니라,
그 자체로 해탈의 통로가 됩니다.

손님으로 내게 방문한
모든 느낌은 결국 시간이 되면 되돌아갈 것임을 알기에
우리는 존재하는 그대로 허용하고
사라져가는 손님의 뒷모습을 조용히 지켜볼 수 있습니다.

이렇게 몸 느낌에 대한 알아차림과
분명한 앎을 통해서,
느낌이 일어나고 사라지는 전 과정을 지켜봄으로써
마음의 속박에서 벗어날 수 있습니다.

수 용

일상에서 수용한다는 말은
갈등 상황에서
상대방의 가치나 의견을 받아들인다는 의미로 사용되곤 합니다.
다른 사람을 수용하는 것은 결코 쉽지 않습니다.
내 안에는 너무 많은 가시나무 새가 울어대고 있기 때문입니다.

"감히 내게 그럴 수가 있어?"
"말도 안 돼. 그건 있을 수 없는 일이야."

생각, 생각들이 꼬리를 물고 일어나 혼자 중얼거립니다.
부정적인 감정이 일어나고
마음 한 구석에서 폭류가 일어납니다.
나도 모르게 자동적으로 일어나서
충분히 느끼기도 전에 강풍처럼 휩쓸고 지나갑니다.
결과는 너와 나의 처참한 상처입니다.

이번에는 저항과 방어적 전략을 선택합니다.
자신의 감정을 인정하지 않고, 억압하여 감추어 봅니다.
이런 경우에는 무엇이 자신의 진정한 감정인지
판단하기 어렵게 되고

끝내는 무기력하게 되거나 일시에 폭발하게 됩니다.
역시 효과적이지 못합니다.
이런 식으로, 우리는 '휩쓸림'과 '저항'의 양극단을 왔다 갔다 합니다.
이 양극단의 변증법적인 통합은 어디 있을까요?
상응부 경전에서 붓다는 이렇게 말합니다.

"폭류를 어떻게 건널 것인가?
나태하게 휩쓸리지도 않고
애써 저항하지도 않은 채로
나는 폭류를 건넜다네."

휩쓸리지 않고, 그렇다고 저항도 하지 않고 폭류를 건넜다,
어떻게 가능할까요.
바로 수용이고
단지 바라보는 명상입니다.
명상은 양극단을 통합하는 중도(中道)입니다.

남을 수용하기 전에 먼저 자신을 수용해야 합니다.
자신을 존재하는 그대로 인정하고,
부족하면 부족한 그대로 자신을 허용해야 합니다.
그런 후에야 비로소 남과 편안하게 소통할 수 있습니다.

내게 찾아오는 폭류를 그냥 그 자체로 허용하면서
회피하지 않고 변화시키겠다는 의도도 갖지 않은 채
노출된 느낌을
온전하게 수용하여 지켜보는 것.

이것이 중도이고, 침묵입니다.
바로 당신입니다.

온전한 수용

지금여기
존재하는 그대로
인정하고 바라보는 것,

화를 내거나 비난하는 바로 그때
판단을 멈추고
지금 일어난 그대로를 온전히 느끼면서

내 방식으로 상대를 통제하려는
내적 불꽃의 열정,
그 시도를 곧 알아차리고 내려놓는 것,

옳고 그름을 판단하지 않고
따뜻한 가슴으로
온전히 그 존재를 존중하면서

그냥 텅 빈 그대로
온갖 바람이 지나가는 통로,
골짜기가 되고,
들판이 되는 것.

타임아웃

봄에는 많은 꽃들이 핍니다.
어디를 가든 아름다운 그들을 만나볼 수 있습니다.
오늘은 점심공양을 하고 산책을 나갔습니다.
나 자신을 위한 일종의 타임아웃입니다.

타임아웃은 짧은 이탈로서 휴식이고
개미 쳇바퀴처럼 늘 반복되는 일상에서
잠깐의 변화를 의미합니다.
서류들과 산적한 문제들을 뒤로 한
잠깐의 외출입니다.
삶의 방식을 바꾸는 영적인 여행입니다.

뒷산을 한번 올라가 본다든지
동네를 한 바퀴 돌고 온다든지
약수터에서 시원한 물 한 모금 마신다든지
여행을 다녀온다든지
그것도 불가능하면 잠깐 화장실을 다녀온다든지

그러면 분명히 기분이 새로워지고
새로운 관점이 생겨날 것입니다.
타임아웃은 행동치료에서 부모가 아이에게 사용하는 행동수정법입니다.
하지만 넓은 의미로
타임아웃은 내 영혼에게 휴식을 주는,
잠깐 호흡을 고르는 쉼표입니다.

오늘 나의 타임아웃은
오밀조밀한 동네의 좁은 길을 걷는 일입니다.
이런 길들은 도시에서 사라진지 오래되었지만,
그래도 산책을 할 만큼의 길은 여전히 남아 있습니다.
남쪽 창원과 제주 지역은 이미 벚꽃이 다 져갑니다.
서울은 이제 시작입니다.
가까이 다가가 자세히 살펴봅니다.

담장을 넘어온 노랑 개나리꽃들의 가장자리가
햇살 아래 투명하게 보입니다.
나뭇가지를 따라 줄줄이 매달려 있습니다.
도열해 나팔을 부는 병정들 같습니다.

담 옆에 벚꽃이 한 뭉치 보입니다.
어떤 꽃가지는 이미 피었습니다.
한 다발에서 여러 개의 꽃봉오리가 고개를 내밉니다.
자세히 보니,
수많은 가지에서, 셀 수 없는 다발들에서
각각 서너 개의 꽃들이 피어납니다.

피기 전의 꽃봉오리는 분홍색인데, 새롭게 피어난 하얀색이
서로 화음을 이루면서
색깔의 합창이 장관을 이룹니다.

길을 따라 계속 내려가면
지붕 위로 하얀 목련이 보입니다.
푸르고 푸른 하늘 속을 하얀 꽃잎이 유영을 합니다.
숨을 멈추고 바라보고 있으면
바람과 함께
조금씩 흔들리며 청초한 영혼이 깨어납니다.

화가 나면

화가 나면 우리는 무엇을 할 수 있을까요?
우선 그 대상을 향하여
소리를 질러대고 큰소리로 비난을 퍼붓습니다.
이렇게 할 수 있다면 좋겠습니다.
단, 조건이 있습니다.
상대방이 받아들여주어야 하고,
그 자체로 견뎌준다는 한에서 그렇습니다.
하지만 이런 경우도 십중팔구 서로에게 상처가 남습니다.

어떻게 하면 좋을까요?
여러 방법이 있지만,
정리하면, 네 가지 정도의 길이 있습니다.

첫째, 몸 느낌을 관찰하는 방법입니다.
화가 날 때 몸에서 일어나는 느낌을
온전하게, 그대로 느껴보는 것입니다.
그 열기가 다 사라져갈 때까지
지켜보는 것입니다.
남는 것은 무엇일까요?

둘째, 자신에게 질문을 던지는 것입니다.
나를 화나게 만든 것은 무엇인가?

이 화는 어떤 생각에서 오는가?
이런 질문을 던져보면,
화를 일으킨 생각을
정확하게 자각할 수 있습니다.
그러면 성남으로부터 객관적인 거리를 유지할 수 있습니다.

셋째, 화나게 만든 현실 속에서
구체적인 대안을 찾는 것입니다.
감정에 휩싸이면
합리적인 대안을 발견하기 어렵습니다.
이런 경우 화가 난 상황을 잠시 벗어나는
타임아웃이 필요합니다.

주의를 잠깐 다른 곳으로 돌려서
감정의 안정을 찾은 뒤에
처음 상황으로 되돌아와서 다시 살펴보는 일입니다.
새로운 통찰이 생겨날 것입니다.

마지막으로,
거친 감정의 파도가 밀려오면,
'이것 또한 곧 지나갈 거야'
스스로에게 말하며, 진정으로 그들이 행복하길
기도하는 방법입니다.

살아있는 모든 생명들이 행복하길 기원합니다.
평안하길 기원합니다.
안락하길 기원합니다.

판단과 기대

대인관계에서 심리적으로
불편함을 경험하는 경우는 대개 두 가지입니다.

첫째는 감각현상을 판단하는 것입니다.
눈으로 보이는 대상의 표정이나 태도,
귀로 들리는 목소리의 톤,
그 상황의 분위기에 대한 감촉들,

이런 자극에 대해서
'이건 옳지 못해.'
'이건 정당한 처사가 아니야.'
'무엇인가 잘못되고 있어.'
생각하면 가슴에서 불쾌함과 분노가 올라옵니다.

이 순간 '잠깐 멈추어라' 말하고
가던 길을 멈추고 판단을 멈추고
온전히 이 느낌을 느낄 수 있다면,
마음의 해탈을 분명하게 경험할 수 있습니다.

둘째로, 대상에 대한 갈망입니다.
갈망은 무의식적으로 무엇인가 기대하는 것입니다.

그 사람이 보다 온화해지길,
지금보다 더 이상적으로 행동해 주기를,
아니면 나를 사랑하고 인정하기를,
이곳이 안전하고 편안하기를…

이런 기대가 어긋나면 역시
불쾌함과 더불어 심한 경우 화가 밀려옵니다.
기대나 갈망이 없었다면
화가 나지 않았겠지요.

하지만 일상에서 특히, 중요한 타인과의 관계에서
어떤 기대를 갖지 않을 수는 없습니다.
그래도 이런 순간에
그 사람에게 내가 무엇을 기대하고 원했는지
정확하게 인식한다면,
불쾌함과 성남이 곧 사라집니다.

우리는 이런 경험에 대한
반복되는 명상을 통해
판단과 기대의 관계를 정확하게 통찰할 수 있습니다.
판단은 항상 기대로부터 일어나고,

반대로 기대는 판단을 강화하고 있음을 봅니다.
이런 관계를 온전하게 통찰한다면,
우리는 이곳에서
앎으로부터의 해탈을 경험하게 됩니다.

생각 바라보기

집으로 돌아오는 길에,
나이 드신 그 분은 내게 말하였습니다.
가을이 슬프고 힘든 이유는
정들었던 아이들을 떠나보내야 하기 때문이라고.

세월이 흐르고
노랗게 변한 나뭇잎을 보면서,
손때 묻은 소중했던 물건들을 정리하면서,
'이제, 안녕!' 이라고 말해야 함을 알게 됩니다.

지금까지 걸어온 길을,
스스로의 내면을 되돌아보면서
정들었던 방을 차분하게 비워주어야 합니다.
이것은 어렵지만,
자연의 순리를 따르는 소중한 작업입니다.

그런데 오래되어 굳어진 관념, 생각들은
물건처럼 비우고 싶다고 해서 금방 비워지지 않습니다.
끊임없이 사유하고 미래를 계획하면서
오랫동안 내 삶의 버팀목으로, 굳어진 방식들입니다.
이 가을엔 이것들과도 이별을 하고 싶은데,
어느 순간엔 비워진 것 같은데,
불현듯 다시 찾아와 자기의 권리를 주장합니다.

사유하는 일, 언어와 함께 해 온 이것은
인간의 고유한 특징입니다.
아득한 선사시대로부터 지금에 이르기까지
수백만 년을 내려온 생각의 흔적은
지우려고 해도 쉽게 지워지지 않습니다.
계속 반복되는 생각은
낙엽처럼, 마음의 가로등 아래로 줄줄이 떨어져 내립니다.

그 동안 실패한 경험을 거울삼아,
전략을 바꾸기로 합니다.
생각을 통제하고 지우기보다는
그냥 그대로 바라보기로 했습니다.
그것들이 일어나면 곧 알아차리고,
지나가도록 조용히 지켜보기로 했습니다.
이 방법은 무엇보다도 자신과 싸우지 않아서 좋습니다.

강물에 떠내려가는 낙엽처럼,
그곳에 내 생각을 하나씩 적어 보냈습니다.
우선 몸에 달라붙은 계급장을,
나이와 사회적인 신분을 떼어서
강물에 떠나보냈습니다.
다음으로,
앞만 보고 달려온, 무엇인가에 쫓기는
고놈의 강박관념을 낙엽에 적어서 보냅니다.

멀리 강물을 따라 계곡을 지나
사라져가는 생각의 낙엽을 바라봅니다.
강둑에 선 벌거벗은 나무처럼.

포기

현재를 그대로 바라본다.
사실, 이것은 결코 쉬운 일이 아닙니다.
우리의 삶은 자신과 세계를
끊임없이 판단하고 통제하고 소유하는 데
온 힘을 다 쏟기 때문에 더욱 그렇습니다.

현재의 경험을
존재하는 그대로 바라보기 위해서는
설사 그것이 불쾌한 것이라 할지라도
억압하거나 회피하는 통제와 소유의 방식을 내려놓고
그대로 수용하는 연습이 필요합니다.

소유하려는
오래된 삶의 방식을 내려놓기 위해서는
무엇보다 먼저 '커다란 포기'가 선행돼야 합니다.
포기는 단순한 절망이 아닙니다.
상대방을 내 방식으로 바꾸어 놓겠다는 갈망을 내려놓고,
그냥 존재하는 그대로 수용하는 자애의 마음입니다.
바꾸어 놓겠다는 생각을 하는 한
우리는 결코 친구가 될 수 없습니다.

또한 포기는 '모든 것은 변한다'는
사물의 존재방식에 대한 깊은 성찰입니다.
나이를 먹어간다는 것은
그만큼 무엇인가 내려놓고 포기해야 한다는 의미입니다.

많은 사람들이 한평생 애써 모은 재산을
어느 순간 아낌없이 기부하는 것은,
그 만큼 삶의 진실을 깊게 자각한 아름다운
통찰이 있었기 때문이 아닌가합니다.
그들은 한결같이 말합니다.

'내 곳간을 비우니
몸도 건강하고, 삶이 행복하고, 청명하다.' 고.

명상치료

오늘날 우리는 명상의 시대를 살고 있습니다.
미국 심리치료 전문가들의 41.4%가 명상을
심리치료로 활용하고 있으며,
영국 의사들의 64%가 명상을 배우고 싶어한다는 조사가 있습니다.
국내에서도 명상수행을 즐기는 이들이 급증하고 있습니다.

도대체 무엇이,
명상의 어떤 요소가 치료적인 효과를 발휘하는 것일까요?
이것은 '알아차림' 과 '수용하기' 입니다.

알아차림은 우울이나 불안의 번뇌가 일어나면
곧 자각하여 일정한 거리를 유지하고 지켜보는 명상입니다.
부정적인 감정이 일어나면
대개 자동적으로 휩쓸리게 됩니다.
우울은 바로 나이고, 나는 우울입니다.
나와 우울은 동일시된 관계로 이들 사이에는 여백이 없습니다.

이때 잠깐 멈추고
부정적인 정서를 곧 알아차리고 그것에 접촉하게 되면
이들 사이에 숨을 쉴 수 있는 여백,
공간이 생기게 됩니다.
일단 이렇게 거리두기에 성공하면
수용하기는 자연적으로 뒤따르게 됩니다.

수용은 경험의 내용이 무엇이든 판단하지 않고
그대로 경험하고 허용하는 것입니다.
우리는 우울이나 불안이 일어나면
벗어나기 위해
억압하거나 회피하는 데 온 힘을 사용합니다.

이렇게 번뇌와 싸우는 일은 효과가 없고
심신을 지치게 하고 세월을 낭비하게 합니다.
명상수행의 요점은 번뇌와 싸우기보다
그것들이 곧 지나갈 것임을 분명하게 알아서,
경험을 그대로 수용하는 것입니다.
무엇인가를 챙기거나 지키는 전략은 하수입니다.

내 안에서 일어나는 그것이 무엇이든
알아차리고 충분하게 머물러 경험하는 것,
그 자체로, 존재하는 그대로 수용하는 것,
그러면 그것은 지나갑니다.
이제 남은 것은 무엇일까요?

저기 눈발이 내리고
새들이 강을 따라 날아오릅니다.

제
3
부

본
래
면
목

본래면목

무엇이 나의 본래면목인가?
이 화두를 가지고 참구하는 어떤 승려가 있었습니다.

우리는 매일 아침 거울 앞에서 자신의 얼굴을 보면서
남의 시선을 의식하여 좋게 보이도록 꾸미고,
어디 잘못된 점이 없는지 조사합니다.
거울 속 자신의 얼굴을 보면서
'본래 나의 얼굴과 눈은 무엇인가' 질문을 합니다.
이 질문은 참 엉뚱하고 당혹스럽고 난처합니다.

어느 날, 이 스님은 시장에 나갔습니다.
시장에서 장사하는 사람들이 큰소리로 욕설을 퍼부으면서
싸우는 장면을 목격하였습니다.
그때 "해이 참, 오늘 정말 면목이 없네."라고
말하는 소리를 듣는 순간,
눈앞이 환해지면서 지금까지 풀리지 않았던
본래면목의 화두가 해소되고 크게 깨달음을 얻게 되었습니다.

이미 얼굴[面]과 눈[目]은 드러나 있습니다.
별개의 얼굴과 눈이 존재하는 것은 아닙니다.
지금 이대로, 부족함이 없이 충분합니다.
문제가 있다면 특별한 어떤 것이 존재한다는

우리들의 막연한 믿음, 견해, 평가입니다.
우리는 순수한 체험을 그 자체로 경험하지 못하고,
자신의 의도나 갈망으로 왜곡하는 경향이 있습니다.

하지만 의도적으로 노출하기도 전에
우리의 본래 얼굴은 이미 드러나 있습니다.
힘들게 애써 찾기도 전에
본래 그대로, 자연스런 모습 그대로
진리는 감추어진 것 없이 적나라하게 이미 드러나 있습니다.

지금여기를 떠나서
별도의 가르침은 없습니다.

숲의 나무들은 짙은 녹색 그대로,
들판의 노랑꽃은 힘껏 노랗게 자신을 드러내고
바닷가 모래톱에서 뛰노는 아이들은 힘껏 소리를 지르고
고개를 뒤로 젖히고 웃어댑니다.

지금여기의 진실은,
강물에 빠져 감춤과 노출을 반복하는 달빛의 변주곡에서
수치심과 부끄러움의 아찔한 나뭇가지 끝에서
자신의 본래면목 그 진실을 찾고자 하는,
단순해진 알아차림의 직관을 가지고
가슴 아픈 두려움을 느끼면서도 분투하고 애쓰는
바로 당신이 아닌가 합니다.

호흡으로

다시 호흡으로 오세요.
명상을 즐기는 사람 가운데
호흡을 중시하지 않는 이는 아마 없을 것입니다.
결국 우리는 호흡으로 되돌아옵니다.

길게 숨이 들어오고
아랫배가 천천히 팽창되는 과정을
온전히 지켜보고 있으면,
어느덧 숨은 편안하게 수축되면서
이완됩니다.

우주의 리듬,
호흡은 생명의 근원이며
몸을 지탱하는 원초적 뿌리.

우리의 마음은 늘 밖으로만 향하여 있기에,
너무나 오랜 세월을 앞만 보고 달려왔기에,
내 안의 빛나는 보석을 잊고 살아갑니다.

진리는 지금여기
있는데,
색깔에 끌려가고 소리에 매혹당하여
온 산을 헤매고 다닙니다.

가던 길을 잠깐 멈추고,
숨이 들어오고
아랫배가 팽창되는 그 모든 과정을
지켜볼 수 있다면,
그래서 그곳에서 깨어나
안락과 휴식을 발견할 수 있다면,

온 산을 헤맨 사람이
다시 집으로 돌아오듯이

당신은 참으로 행복한 사람입니다.
삶의 어떤 고난도 이겨낼 것입니다.

몸과 마음의 연결

몸과 마음은 긴밀하게 서로 연결되어 있습니다.
외부의 자극은 몸을 통해 마음에 전달되고,
마음의 내밀한 반응은 다시 몸으로 나타납니다.
이렇게 몸과 마음을 매개하는 것이
느낌입니다.
느낌은 몸에도 속하고 마음에도 속하면서
이쪽과 저쪽을 연결하는 통로역할을 합니다.

예를 들면,
친한 친구가 오늘 갑자기 절교를 선언하였습니다.
말할 수 없이 화가 납니다.
호흡이 거칠어지고
온몸에서 열감이 느껴지고
풍선처럼 몸이 팽팽하게 긴장되어
상대방에게 돌진할 태세입니다.

이런 경우는 첫번째 화살로서,
외적인 자극이 몸을 통해 마음의 반응을 이끈 경우입니다.

집에 돌아와
의자에 앉으니
아무 말도 못한 내 자신에게 더 화가 납니다.
상황을 이렇게 만든
내 자신이 슬퍼지면서
눈물이 나고, 몸에서 힘이 쭉 빠집니다.
아무 것도 할 수 없는 무력감에
이불 속으로 들어갈 뿐입니다.

이런 경우는 이차화살로서,
마음이 몸에 직접적으로 영향을 준 경우입니다.
처음엔 상대방에 대한 원망에 압도당하였고,
집에 와서는 자신에 대한 회한으로
정신을 차릴 수가 없기 때문에,
어느 쪽이든지
몸느낌 그 자체에 대한 알아차림이 어렵습니다.

어떻게 하면 좋을까요?
좋은 의견을 부탁드립니다.

느낌과 마음

오랫동안
책을 보거나 글을 쓰다 보면
눈이 아파옵니다.

자리에서 일어나
창밖으로 얼굴을 내밀면,
빗물을 머금은
서늘한 바람이 얼굴을 스치고 지나갑니다.

마음은
느낌을 조건으로 일어납니다.
불쾌하고 괴로운 느낌에 대해서
적의의 마음이 일어나고,
즐거운 느낌에 대해서
기분 좋은,
웃는 얼굴로 행복해 합니다.

이런 일은 일상에서 매 순간 발생하지만
우리는 분명하게 자각하지 못합니다.
강물 위의 조각배처럼
마음은 느낌의 물결에 자동적으로 조종됩니다.

이것은 어쩌면 수만 년에 걸쳐
조건화된 생존전략인지도 모릅니다.
우울과 불안의 느낌을
존재하는 그대로
충분하게 느끼고, 그 자체로 허용하는 일은
결코 쉽지 않습니다.

즐거운 느낌에 벌써 끌려가고
불쾌한 느낌에 이미 짜증을 내고 있는
자신을 발견합니다.
마음의 조각배가 느낌의 물결로 흘러들어갈 때,

그 순간을 포착하여 알아차리고
그곳에 머물러
조용히 바라보는 명상훈련이
우리를 느낌의 노예상태로부터 해방시켜 줄 것이라고
기대해 봅니다.
어쩌면 너무나 큰 기대일까요?

미소 짓기

행복하기 때문에 웃는 것이 아니라,
웃기 때문에 행복하다.

이런 말을 아마 들어본 적 있을 것입니다.
웃음은 신체적인 반응이고
행복감은 마음의 상태입니다.
신체의 반응이 감정의 변화를 가져온다는,
제임스-랑케의 이론입니다.

화가 났기 때문에
호흡이 거친 것이 아니라,
호흡이 거칠기에
나는 화가 났다고 인식한다는 것입니다.

그렇다면
명상을 통해서 거친 호흡이 고요해지면
거친 화는 소멸된 것이고,
화는 났지만 얼굴에 미소를 짓게 되면
화를 이겨낼 수 있다는 말이 됩니다.

'찡그리지 말고 한번 웃어봐!
그래 그래, 웃어보라니까!
어때? 웃고 나니 훨씬 좋잖아, 그렇지?'

우리는 타인의 표정을 보고
그의 감정을 인식하게 됩니다.
짜증이 났을 때와 기쁠 때의 신체반응은
같지 않습니다.
특정한 신체 반응은 분명히 어떤 감정과 직결되어 있습니다.

신체의 변화를 통해서
그것과 연결된 감정을 변화시킬 수 있다는 것은
일상에서 응용할 수 있다는 시사점을 제공합니다.
이를테면, 가까운 가족이 짜증을 낼 때
같이 짜증을 내기보다 윙크를 한다면
어떤 일이 일어날까요?

온몸이 경직되고
꼼짝할 수 없는 불안감이 엄습해 올 때,
어깨를 슬금슬금 움직여 보고
두 손으로 자신의 머리를 쓰다듬고 마사지하면서
얼굴에 미소를 지어본다면,
어떤 일이 일어날까요?

어떤 중요한 변화가 분명히 일어납니다.
새로운 느낌이 발생합니다.
오랜 세월에 걸쳐 저장된
몸 안에 숨겨져 있는 긍정성이 미소 지으며 일어납니다.

여행

명상상담을 함께 공부하는 분들과
연휴 기간에 전남 신안군 증도를 다녀왔습니다.

가는 날이 장날이라고 비가 와서
바다는 안개로 자욱했고,
바람은 여전히 차가웠지만
밀려오는 파도를 볼 수 있어서 다행입니다.
바다 위로 새들이 날개를 펴고
천천히 수평으로 비행하는 모습은 볼 때마다 경이롭고,
해안선을 따라 길게 도열한
김발의 지주목이 섬과 함께 아름다운 풍경을 연출하는 곳,
다도해는 참 아름답습니다.

섬과 섬 사이를 밀려오는 파도의 거친 생명력과
하얗게 부서지는 파도를 보고 싶었습니다.
정말이지, 마음의 일부처럼
밀려왔다가 밀려가는 파도의 모습이
방에 들어와 눈을 감아도 선명하게 보입니다.

울부짖는 깊은 감정의 소용돌이가 되어
밀려와서 끝내는 부서지는 파도는,
길게 들이마시고
그 끝에서 다시 내쉬는, 긴 호흡과 같습니다.
잠깐 멈추었다가
다시 파도는 밀려옵니다.

모래톱에 쪼그리고 앉아서
그 파동의 전 과정을 바라보고 있으면,
거대한 우주의 숨결만 존재하는 하나됨의 기쁨을 느낍니다.

왜 사람들은 여행을 할까요?
분명하게 알 것 같습니다.
일상의 매너리즘에서 벗어나
자신을 새롭게 만나고 세상을 새로운 눈으로 보는 것,
뿐만 아니라 사람들과 어울리며 친밀감을 나누는 재미가 있습니다.

삶은 결국 누군가와 함께 하는 여행이 아닌가 합니다.
무상하지만 그래서 더욱 아름다운,
여행은 참 다녀올 만합니다.

침묵

무엇이 나인가?
이 질문은 청소년기 이후로 우리의 가슴을 뛰게 만듭니다.
나 자신을 아는 일은 어쩌면
내 삶의 전체, 전부가 걸린 사건일 수 있습니다.

부처의 깨달음도,
예수의 사랑도,
나의 존재로 의미가 있고,
저 하늘의 별도 나로 말미암아 빛나게 됩니다.

그러면, 무엇이 나일까요?

어떤 제자가 스승에게 물었습니다.
무엇이 나입니까?
스승은 아무런 대답도 하지 않았습니다.
다음 날 제자는 다시 물었습니다.
무엇이 나입니까?
스승은 역시 침묵하였습니다.

며칠을 고심한 제자는
마지막이란 각오로 다시 물었습니다.
무엇이 나입니까?

스승은 마침내 대답하였습니다.

"나는 너에게 무엇이 나인지를 말하고 있지만,
네가 알지를 못한다.
나란 침묵이다."

침묵.

분명하지만 말하지 못하는 기쁨,
언어적인 개념으로 자신을 붙잡아두지 않는 자유.
침묵은 걷는 일이고,
멀리 들판을 지나 바다를 바라보는 응시이고
침묵은 음식을 먹으며
그 느낌을 오롯이 느끼는 명상이고,
침묵은 방을 청소하고 설거지하는 일이고,

침묵은
높은 하늘의 창문을 여는
나뭇가지의 꽃입니다.

아버지의 유산

아버지가 돌아가시고 49일이 지나,
아들은 깊은 장농 속에서 아버지의 반지를 발견했습니다.

'왜 이렇게 깊이 보관하여 두었을까?'
반지를 자세히 살펴보았습니다.
안쪽에 작은 글씨로
이런 글귀가 새겨져 있었습니다.

'모든 것은 변한다.'

아들은 깨달았습니다.
'그렇구나. 그렇구나.
이것은 아버지의 명상이었어.'

경기가 좋지 않아 사업이 힘들어지면,
불안해지고 괜히 짜증이 나면,
곧 그 느낌을 느끼면서 조용히 자신에게 다정하게 속삭입니다.

'그래, 이것은 곧 지나갈거야.'

사업이 잘되어 기분이 좋아지고
마음이 들떠 스스로 오만해지거나 게으름에 빠질 때면,
이것 역시 곧 알아차리고

'그래, 이것도 곧 지나갈거야.'

말하며 스스로의 호흡으로 되돌아옵니다.
반지는 아버지의 깊은 숨결이고
긴긴 세월을 살아온 아버지의 지혜였습니다.

그 날 이후로
반지는 아들의 것이 되었습니다.

'모든 것은 변한다.'

두 개의 길

내 앞에는 두 개의 길이 있습니다.
하나는 사유의 길이고,
다른 하나는 침묵의 길입니다.

사유의 길은 이곳저곳에 도시를 건설하고
편리한 문명을 창조하는 힘을 가져다줍니다.
하지만 끊임없이 사유하는 이 초월적인 힘은
뿌리가 없는 부평초처럼
어디에도 만족할 수 없는, 깊은 고독과 불안감을 안겨줍니다.
인간은 선사시대 이후로 그 어떤 때보다 풍요롭지만
든든한 대지의 안전한 공간을 상실하였습니다.

침묵의 길은 존재를 그대로 수용합니다.
깊은 침묵은 자연을 통제하거나 관리하려는 생각 대신에,
그대로 자신의 일부임을 자각합니다.
침묵의 명상은 자신의 초월적인 힘을
흘러가는 구름인 양 지켜보기만 할 뿐입니다.
가진 게 많지 않지만 지극히 행복합니다.

내 앞에는 두 길이 놓여 있습니다.
사유의 길과 침묵의 길이.
어느 길을 갈까요?
어느 길을 가고 있는가요?

우리의 불행은 스스로 선택하지 못하고
탐착과 경쟁에 떠밀려, 그냥 흘러가는 것입니다.
스스로를 책임지지 못합니다.

당신은
어느 길을 걷고 있는가요?

소셜 네트워크 서비스(SNS)
- 무엇이 나일까

무엇이 나일까?
나는 무엇을 나라고 규정하는가?
자신을 어떻게 보는가?

일상에서 자신의 모습을 보기 위해서 거울을 찾게 됩니다.
거울을 보면서 자신의 모습을 확인하고
원하는 모습으로 조정하게 됩니다.

나는 멋이 있고 예쁘다.
나는 똑똑하고 능력이 있어.
나는 착하고 좋은 사람이다.

우리는 다른 사람이 자신을 어떻게 보는지
지대한 관심을 가지고 있습니다.
자신의 외적인 모습은 거울을 통해서 직접 알 수 있지만
눈에 보이지 않는 내적인 자기 이미지는 타인의 반응을 통해
추측하여 알게 됩니다.
확신할 수 없는 나는 가까운 사람에게 자꾸 물어봅니다.

"나 예뻐?
그때 말이야. 그 사람은 나를 어떻게 보았을까?
적어도 나는 착한 사람이야.

넌 어떻게 생각해?
나 괜찮았어?"

상대방의 반응, 의견을 물어보는것,
거기에 반응하고 공감하는 것,
이것이 바로 대화의 출발점이고,
이것이 서로에게 소통이 요청되는 이유이고,
바로 소셜 네트워크의 심리적 기반입니다.
우리 뇌속에는
거울뉴런(mirror neuron)이 있다고 신경과학자들은 말합니다
너의 아픔은 나의 아픔이고
나의 기쁨은 너의 기쁨이 됩니다

의미 있는 타인과의 대화를 통해서,
우리는 거울을 보듯이 자기 이미지를 확인하고,
교정을 하게 됩니다.
어떤 방식으로든 소통이 필요하고,
이것이 없으면 적응할 수 없고 성장할 수 없습니다.
우리는 다른 사람의 눈을 통해 나를 보게 됩니다.
가족을 비롯한 다른 사람과의 관계를 통해서
나가 무엇인지,
나의 이미지와 정체성을 확립하게 됩니다.

병 속의 새처럼,
나는 사회-문화적인 필터를 통해 나를 바라봅니다.
다른 사람과의 관계를 통해 형성된 나는
바로 그러한 거울뉴런의 공감적 반응을 통해서
나의 이미지를 확인하고 개선하면서
안정적으로 성장할 수 있었습니다.

그렇지만, 바로 여기에 딜레마가 있습니다.
나는 항상 다른 사람의 평가를 통해서
비로소 자신의 존재감을 확인하기 때문에,
진정한 자기가 무엇인지 알지 못한 채
스스로에게 질문해 보지도 못하고 살아가게 됩니다.
나는 언제나 타인의 시선을 의식해야 하고,
결과적으로 나의 삶을 온전하게 살 수 없게 됩니다.

그러다가 크게 아프거나, 실직하여 혼자임을 자각하게 되면
공허해지면서 어느 순간 문득,
자신의 정체성에 심각한 의문이 일어납니다.

그래, 그 동안 너무 정신없이 살아왔어.
무엇이 나일까?
타인에 의해 규정되지 않은,
사회에 의해 개념화되지 않은,
진정한 나는 무엇일까?

거울 앞에 앉아
거울 속의 나는 다시 질문하게 됩니다.

두 번째 화살

감정은 세계와 자신에 대한 반응입니다.
세계의 외적 대상에 대한 감정을 일차감정이라 하고,
자신에 대한 감정을 이차감정으로 구별합니다.

예를 들면, 나를 간섭하는 엄마에게 심하게 화를 냈지만,
화를 낸 자신을 생각하면 우울해집니다.
성냄이 즉각적이고 반사적인 일차 반응이라면,
우울감은 일차적인 감정을 뒤따라 온 이차적인 감정입니다.

대부분 일차감정은 곧 쉽게 사라지지만,
이차감정은 오랫동안 지속되고,
더 큰 고통을 야기하는 경우가 많습니다.
외적인 대상은 자주 바뀌지만,
자신에 대한 분별과 평가는
어린 시절부터 오랜 세월에 걸쳐서 형성된
동일한 패턴으로, 반복적으로 경험되기 때문입니다.

불교경전에서는 이런 이차적인 감정을
두 번째 화살이라고 했습니다.
첫 번째 화살이 외적인 대상과의 접촉에서 발생하는 느낌이라면,
두 번째 화살은 일차적 느낌에 대한 이차적인 반응으로서
개념자기에 의한 정신적 고통을 말합니다.

일상에서 '생각할수록 더욱 화가 난다'고 할 때,
바로 이런 경우가 이차적인 화살을 맞은 상태를 잘 표현한 것입니다.

우리는 괴로운 느낌이 찾아오면,
그것에 강력하게 저항하거나, 그것을 제거하려 합니다.
하지만 언제나 실패로 끝나게 되고,
결국은 반대쪽에 즐거운 느낌으로 회피하게 됩니다.
이런 애증의 양극단에서 날아오는
두 번째 화살로부터 벗어날 수 있는 해탈과 중도는 어디에 있을까요?

가장 중요한 점은
자신의 감정이 무엇이든,
먼저 그 자체로 알아차리고 수용하는 것입니다.
그런 다음 자신에게 질문합니다.

"이것은 나가 아니다.
그러면 무엇이 진정한 나인가?"

진실은 바로 당신의 알아차림
그 자체입니다.

개념자기

개념자기는 말 그대로 개념에 의해 파악된 자기입니다.
'무엇이 나인가?' 라는 질문에
'나는 쓸모가 없어.'
'나는 멋진 사람이야.'
대답한다면, 이것이 바로 개념자기입니다.

끊임없이 변하는 현실과 관계없이
문화적 개념에 의해 파악된 자기로서, 개념자기는
견고하게 굳어져 있으며
유연성이 결여된, 경직된 신념입니다.

개념자기는 일종의 개념화된 그림과 같습니다.
개념에 의해 그려진 그림은
항상 똑같은 형태를 반복합니다.

배경이 되는 산과 꽃의 구도뿐만아니라,
주요 인물의 눈썹과 코의 모양이 항상 똑같습니다.
아마도 어릴 때 이런 그림을 그려본 적이 있을 것입니다.
힘들게 창조하기보다
마음속의 개념들을 만화처럼,
판에 박힌 듯이 습관적으로 그리는 그림입니다.

나는 옳다는 믿음을 가진 사람은
끊임없이 판단하고, 상대방을 지적하고 고쳐주려고 하며,
스스로도 힘겹게 노력합니다.
나는 힘이 있다는 신념을 가진 사람은
어느 자리에서나 자신이 힘이 있음을 보여주려고 합니다.

개념자기는 긍정과 부정, 빛과 그림자처럼
한쪽은 웃고 다른 쪽은 눈물 흘리는
두 얼굴의 야누스입니다.

나는 옳다고 믿는 사람은
근본적으론 자신의 실수와 잘못을 두려워하고,
무엇보다 자신이 완벽하지 못하다고 우울해 합니다.
나는 힘이 있다는 개념자기를 가진 사람은
자신의 나약함을 허용하지 못하고,
더욱 거칠고 오만한 태도를 취합니다.

개념자기는 개인적 성격이나 기질이지만,
그 본질은 자신을 보호하려는 방어 전략입니다.
마치 병 속에 갇힌 새처럼,
자신의 개념을 통해서 자신과 세상을 바라봅니다.
더더욱 여기에 동일시된 자아는
개념, 신념, 믿음이라는 자신의 안경에 집착하는 까닭에
크게 힘들지 않은 한,
이것을 자각하거나 벗어나려는 노력을 하지 않습니다.

관찰자기

관찰자기는 특정한 사건이나 상황에서
자신이 경험하는 마음현상을 알아차리고 관찰하는 자기입니다.
여기서 마음현상이란 감정, 생각, 갈망의 세 쌍둥이를 말합니다.

일상에서 우리는 자신의 마음현상을
온전히 느끼거나 관찰하지 못합니다.
자기는 어떤 목표나 의도에 휩쓸려가고
무엇보다도 상황을 관리하고 통제하는 데 정신이 팔려있습니다.
자신의 감정과 생각과 갈망을 정확하게 자각하지 못합니다.

자신의 경험내용을 자각하기 위해서는
밖으로 향한 시선을 내면으로 되돌려 스스로를 관찰하는
반조(返照)의 연습이 필요합니다.

어린 아이가 무서운 꿈을 꾸었습니다.
어둠 속에서 어떤 나무가 점점 커지더니 지붕을 뚫고 나가면서
마침내 집을 무너뜨렸습니다.
너무 놀라 잠에서 깨어난 어린 아이는
울면서 엄마를 찾습니다.
그런데 엄마는 울지 말라고 야단칩니다.

이런 경우에 아이는 자신의 감정을 정확하게 인식할 수 없고,
그곳과 접촉하는 기회를 놓쳤습니다.
어른이 된 지금도 이 내면의 어린 아이는
자신이 가치 없다고 느끼면서 우울해합니다.

여기서 엄마가 해야 할 일은
그 아이의 느낌에 정확하게 이름을 붙여서
되돌려주는 거울의 역할입니다.
아이를 안아주면서, '너 지금 무서워서 울고 있구나.' 라고
아이의 감정을 그대로 읽어주는 일입니다.
그러면 아이는 안전한 공간에서 자신의 감정과 접촉하게 되고,
이런 경험을 통해서
자신의 감정을 알아차리고 접촉하는 방법을 배우게 됩니다.

관찰자기는 자신의 경험내용을
존재하는 그대로 '알아차리고, 머물러, 지켜보는'
반조의 명상입니다.
알아차림은 대상을 의식의 표층으로 이끄는 작업이고,
머물기는 인식된 감정, 생각, 갈망에 접촉하여
충분하게 느껴보는 과정이고,
지켜보기는 그 변화의 전 과정을 판단 없이 바라보는 것입니다.

이때에야 비로소 우리는
혼란되고 흐릿한 경험내용을 명료하게 자각할 수 있게 되고
나아가 경험내용으로부터 분리되어
그 본질을 통찰하는 해탈을 경험하게 됩니다.

침묵자기

가을날 맑은 하늘 아래
국화꽃이 활짝 피어있습니다.

이곳에는 고요함과 깨어있음이 있습니다.
침묵은 단순하게 말 없음이 아닙니다.
마음속에서 사유작용이 멈춘 거룩한 행복감입니다.

번뇌에서 벗어난 자리,
이것을 우리는 '본래면목', '참된 자기', '본래자기' 라고도 부릅니다.
이것을 무엇이라고 부르든,
인간의 근본적인 본성,
신령한 앎으로서의 영성,
모든 현상의 바탕으로 이해됩니다.

꽃과 나무가 대지에 의지하듯이
감정, 생각, 갈망 등의 모든 마음현상은
바로 근원적인 바탕, 침묵에서 발생합니다.
텅 빈 그릇이 무엇이든지 담을 수 있듯이
침묵은 모든 현상을 허용하고
수용하는 근본마음의 자리,
우리의 본질입니다.

이것을 우리는 어떻게 인식할 수 있을까요?
나의 스승은 자주 말했습니다. 너의 이름을 부르면,
'네!' 하고 대답하는
그것이 무엇인지 대답하라고 했습니다.

혜능은 대유령까지 뒤좇아와서
진리를 설해주길 바라는 혜명에게 질문하였습니다.
'선도 생각하지 않고 악도 생각하지 않을 때,
너의 본래면목은 무엇인가?'

대혜선사는 이참정과 조대제가 바둑을 두는 것을 보고
흑백을 쓸어버리고 물었습니다.
"자, 바둑돌이 흑백으로 나누어지기 전에
한 수를 놓아보라. 어디에 놓겠는가?"

개념자기, 선과 악, 흑과 백은 나의 마음현상입니다.
착하고 나쁘고, 옳고 그르고, 예쁘고 추하고,
긍정과 부정의 감정이나 생각들은 끊임없이 싸우고,
서로의 영역을 확장하고자 치열하게 경쟁합니다.

이것들은 마음현상이지 마음 그 자체는 아닙니다.
여기서 변하지 않는 진실한 나는 무엇일까요?

가을날 숲 속 산새가 날아오르자,
노란 낙엽이 침묵처럼 떨어져 내립니다.

병 속의 새

나는 어떤 사람인가?
아마도 거울 속 자신의 얼굴을 보면서,
이런 질문을 던져본 적이 있을 것입니다.
조금은 당혹스럽지만, 우리는 이렇게 중얼거립니다.

"나는 사랑받지 못하면 불쌍하고 애처로울 거야.
나는 사랑받아야 해."
"그래, 나는 완벽해. 그렇지 못하면 살아남지 못해.
나는 완벽해야 돼."
"나는 능력이 있어. 두고봐. 꼭 성공할 거야."

우리들 각자는 무의식 속에
자신에 대한 어떤 내적인 이미지를 가지고 있습니다.
이것을 자기와 동일시하여 견고한 하나의 틀을 만들고, 유지하고,
평생에 걸쳐 계속 발전시켜 나갑니다.
우리는 이것을 '개념화된 자기' 혹은, '개념자기'라고 부릅니다.

스스로를 완벽함으로 지각하는 사람은
자신과 타인의 조그만 실수나 결점도 용납할 수 없고
강박적인 노력을 기울이며,
그렇지 못하다고 느끼면, 분노나 깊은 우울에 빠져듭니다.

또 어떤 사람은
조금 시끄러운 소리나 갈등관계에도 예민해지면서
견디지 못하고 짜증을 냅니다.
자신의 정체성을
평화로움이나 고요함에서 찾고 있음에 틀림없습니다.
이럴 때, 어떻게 하면 좋을까요?

여기에 좋은 깨달음의 이야기가 있습니다.
육긍이란 관리가 남전스님에게 질문했습니다.
옛날에 어떤 농부가 항아리 속에 새를 키웠습니다.
그런데 새가 자라자 병의 목이 너무 좁아서
밖으로 나올 수 없게 되었습니다.
그대로 두면 새는 죽게 됩니다.
어떻게 하면 병을 깨뜨리지 않고, 새를 다치게 하지 않고
밖으로 꺼낼 수가 있습니까?

이때, 남전스님은 큰소리로 육긍을 불렀습니다.
"육긍 대부!"
"예!"
그러자 남전은 말했습니다.
"새는 벌써 나왔소."

새는 이미 나왔고, 그는 자유롭습니다.

아침엔 일어나고, 낮에는 일을 하고, 저녁엔 잠을 잡니다.

하지만, 우리는 어느 사이에 다시 병 속에 갇힌 자신을 발견합니다.

왜냐면 근본적으로 우리는 병 속에서 태어났고,

그곳에서 자라났기 때문입니다.

병은 바로 우리의 문화이고, 조직이고,

개념화된 자기이고, 자신과 동일시된 믿음입니다.

내적인 자기 이미지가 무너지면,

곧 그것을 나의 죽음으로 인식하고, 자살을 선택할 수도 있습니다.

우리는 자신의 병 속에서 밖으로 나오는 것을 두려워합니다.

언어적인 사유와 내적인 자기 이미지는

실제로는 존재하지 않지만,

우리의 울타리이고, 한계이고, 감옥입니다.

그래서 묻게 됩니다. 나는 어떤 사람인가요?

무엇이 나인가요?

이렇게 묻는 순간, 당신은 이미 자유로운 존재입니다.

묻는 그것은 병속에 갇혀 있지 않기 때문입니다.

새끼줄과 뱀

불교경전에서
자주 인용하는 비유가 있습니다.
두 사람이 밤길을 가다가 새끼줄을 밟았습니다.
그 중에 한 사람이 뱀이라고 외치면서
깜짝 놀라 팔짝 뛰었습니다.

생각해 보세요.
밤길에 뱀을 밟았다면 어떤 기분이 들까요?
분명 공포와 두려움을 경험할 것입니다.
상상만 해도 몸이 떨려옵니다.

그런데 옆에 있던 친구가
"과연 그것은 뱀이었을까?
내가 보기에 뱀이 아닌 것 같던데." 하면서,
한번 가서 살펴보자고 제안합니다.
두렵지만 되돌아가 살펴보니,
그것은 뱀이 아니라 새끼줄이었습니다.
그들을 엄습했던 긴장과 두려움은
일순간에 사라졌습니다.

아주 잘 알려진 또 다른 사례가 있습니다.
다름 아닌 신라 원효스님의 이야기입니다.
유학길에서 한밤중에 목이 말라
옆에 있는 바가지 물을 마셨습니다.
아침에 일어나 보니
그것은 해골바가지 물이었습니다.

역겹고 메스꺼운 느낌이 아랫배에서 올라오는 순간,
원효스님은 깨달음을 얻었습니다.
그는 무엇을 깨닫게 되었을까요?

새끼줄과 바가지는 그냥 저기에 놓여 있을 뿐인데,
우리 마음은 어느 순간에 문득
새끼줄을 뱀이라고, 바가지를 해골이라고
잘못된 인식을 합니다.
대상은 어떻게 인식하느냐에 따라서 달라진다는 것,
모든 것은 마음의 작용이라는 사실입니다.
그 결과로 우리는 고통을 받습니다.

결국 마음을 따라 삶은 흘러갑니다.
세상을 어떻게 인식하느냐에 따라
우리의 삶은 전혀 다른 방향으로 흘러갑니다.
원효스님은 유학길을
포기하고 발길을 돌렸습니다.

항상 진리는
지금 여기에 있습니다.

일체

일체는 이미 드러나 있습니다.
눈으로는 보고, 귀로는 듣고, 코로는 냄새를 맡습니다.
감추어진 것이 없습니다.

일체(一切)란 모든 것을 말합니다.
무엇이 '모든 것' 일까요?

고대 인도에서는 불변의 '신'을 일체라고 했습니다.
고대 희랍에서는 변하지 않는 어떤 '하나'가 존재한다고 믿었습니다.

이런 대답은 너무나 형이상학적이고
관념적이지 않은가 반문할 수 있습니다.
그러면 이렇게 물어보면 어떨까요?
당신의 모든 것은 무엇인가요?
내가 죽지 않고
살아있어야 할 이유는 무엇일까?

사랑인가? 아니면 성취인가?
가족을 위해서, 아니면 내가 속한 조직의 발전을 위해서?
어떤 이상적인 높은 가치가 있는가?
아니면 어떤 회의론자차럼,
과연 내게 이런 이유조차 있었던가?

좋습니다. 하던 일을 잠깐 멈추고,
지금까지의 생각을 내려놓고
생각하는 '이것' 을 그냥 관찰하여 보세요.
무엇이 나인지.

지금 여기.
덥다 하고 춥다 하고,
눈으로 바라보고, 귀로 소리를 듣는 것,
이것은 생각이 아닙니다.

이뿐.
이것이 바로 나의 전체이고
모든 것입니다.

단지 이것뿐

무엇이 나인가?
덥다 하고, 배고프다고 알고,
스스로 화를 내거나 혹은 슬퍼함을 알고 있는,
이것은 무엇일까?

눈으로 색깔을 보고
소리를 귀로 듣는 것,
감각하고, 마음으로 대상을 아는 것,
단지 이것 뿐.

여기에 '나'를 갖다붙이고
'신'이란 이름을 내거는 따위는
모두 상상과 분별의 산물이며
아무런 근거도 없는
어리석음과 두려움의 표식일 뿐입니다.

풀벌레 소리를 듣는 이곳,
이 속에는
나가 없습니다.
소리를 듣는 것을 제외하고
다른 그 무엇도 찾을 수가 없습니다.

푸른 하늘을 배경으로
빨갛게 물든 낙엽을 바라보는 것,
이뿐
다른 무엇이 없습니다.
이것이 진실입니다.

내려놓기

조주스님에게 어떤 스님이 물었습니다.
"한 물건도 없을 때, 어떻게 해야 합니까?"
조주스님은 대답하였습니다.
"내려놓게."

무엇을 내려놓으라는 것일까요?
한 물건도 없다는 생각이고,
다른 하나는 무엇인가 하고자 하는 의도입니다.
이것들이 바로 번뇌입니다.

처음 수행을 할 때,
우리는 잠시도 쉬지 못하고
번뇌들과 대항하여 싸웁니다.
언제나 좌절만을 경험합니다.
번뇌란 마음 현상이고
마음은 인연을 따라 일어납니다.
그 자체로는 실체가 없습니다.
이것을 없애려는 노력은 필연적으로 실패로 끝나게 됩니다.

무엇인가 구하고
어떻게 하고자 하는 마음이 일어나면
곧 알아차리고 내려놓는 것,
이것이 최상의 묘책입니다.

깨달음과 진리는 스스로 찾아오는 것이지
내가 챙겨서 쟁취하는 무엇이 아닙니다.
들숨과 날숨이
의식의 지평 위에 스스로 드러나도록,
존재하는 그대로 경험 그 자체를
어떤 판단도 하지 않는 채
그냥 허용하면서,
지금까지 익숙한 인위적인 모든 노력을
내려놓는 것,

이것이 명상수행입니다.

아침

어느 날 아침,
마음이 열리고 깨어나는 순간이 있습니다.

'오랜 세월 텅 빈 허공 끝
새벽 바람 불고 달빛 은은하네.'
(萬古長空 一朝風月)

마음은 한없이 평화롭고,
바람이 불어와도 흔들림이 없으며,
깨어있음의 달빛이
존재하는 그대로 내면을 비춥니다.

내가 진리에로 나아가는 것이 아니라,
진리가 스스로 내게서 드러납니다.
바람이 불고 눈발이 날리지만
문제가 되지 않습니다.
지금여기가 우리의 진실입니다.
숨을 내쉬는 코끝에서
아침이 시작됩니다.

밥 먹고 걷고 움직이는
지금 여기.
언제나 새벽이고 달빛이 은은합니다.

편집자 쪽지

이 책에서 다루고 있는 명상상담의 주제는 매우 포괄적이고 일반적 지침을 제공하고 있습니다. 명상수행에 관한 전문적 지원이나 개인적으로 상담이 필요한 경우, 자격을 가진 명상치료 전문가의 도움을 받아야 합니다.

전화번호 | (02) 2236-5306
URL | http://medicoun.com